"SIN GRITAR"

Guía de herramientas para padres

Crianza pacifica simplificada:

Estrategias eficaces para una comunicación tranquila, controlar las rabietas de los niños y fortalecer los vínculos familiares.

Carrie Khang

© **Copyright Carrie Khang 2024- All rights reserved.**

The content contained within this book may not be reproduced, duplicated or transmitted without direct written permission from the author or the publisher.

Under no circumstances will any blame or legal responsibility be held against the publisher, or author, for any damages, reparation, or monetary loss due to the information contained within this book. Either directly or indirectly. You are responsible for your own choices, actions, and results.

Legal Notice:

This book is copyright protected. This book is only for personal use. You cannot amend, distribute, sell, use, quote or paraphrase any part, or the content within this book, without the consent of the author or publisher.

Disclaimer Notice:

Please note the information contained within this document is for educational and entertainment purposes only. All effort has been executed to present accurate, up to date, and reliable, complete information. No warranties of any kind are declared or implied. Readers acknowledge that the author is not engaging in the rendering of legal, financial, medical or professional advice. The content within this book has been derived from various sources. Please consult a licensed professional before attempting any techniques outlined in this book.

By reading this document, the reader agrees that under no circumstances is the author responsible for any losses, direct or indirect, which are incurred as a result of the use of the information contained within this document, including, but not limited to, — errors, omissions, or inaccuracies.

Translated into Spanish by Dinorah Peña-Duran

Antes de comenzar, ¡recoge tu REGALO GRATIS!

Porque criar a los hijos no es fácil, y tú estás haciendo el esfuerzo. He preparado una colección de herramientas prácticas para apoyarte más allá de este libro.

Desde estrategias para calmarte hasta actividades imprimibles para tus hijos, estos recursos adicionales son tuyos, ¡completamente gratis!

☞ Escanea el código

Incluye:

✓ Principales desencadenantes del enojo
✓ Autocuidado de 7 días para mamás
✓ Diario de gratitud de 5 minutos para niños
✓ Hoja de trabajo imprimible "¿Cómo lo hice?"
✓ Diario de gratitud para mamás

Descubre más en:
☞ https://carriekhang.com

OTROS LIBROS DE CARRIE KHANG:

CONTENIDO

Introducción ix

Parte 1 El Enojo Y Los Padres

Capítulo 1: Enojo De Los Padres 15
    Raíces del enojo de los padres.. 16
    Reacciones comunes de enojo... 18
    Cuestionario sobre la ira de los padres......................... 21

Capítulo 2: Conoce Tus Factores Desencadenantes 26
    Desencadenantes más comunes 27
    Emociones reflexivas 30
    Gritar o no gritar... 32
    Te sacan de tus casillas 33

Parte 2 No Necesitas Gritar

Capítulo 3: Calma En El Caos... 38
    Responde, no reacciones... 39
    ¿Estás castigando?... 41

Capítulo 4: Fórmula Para No Gritar 46
    Cómo hablarle a tu hijo... 47
    Por qué los niños no escuchan 51
    Los niños son comprensivos 55

Parte 3 Estrategias Para Las Rabietas De Los Niños

Capítulo 5: Rabietas En Público.. 60
    Descifrando las rabietas.. 61
    Comprender a través de la observación......................... 63
    Qué hacer durante una rabieta.. 64
    Un reto para los padres 67

Capítulo 6: Negarse A Cooperar 74
    Luchas de poder *76*
    Dos buenas opciones *78*
    Cómo lograr que tus hijos te escuchen *81*
    Reto para los padres *83*

Capítulo 7: Ignorar Las Instrucciones 90
    Por qué los niños no escuchan *91*
    Comunicación efectiva *94*
    ¿Necesitas millas extra? *96*
    Retos de la paternidad *98*

Capítulo 8: Comportamiento Irrespetuoso 104
    Comportamientos irrespetuosos comunes *105*
    Por qué los niños necesitan límites *107*
    Cómo afrontar la falta de respeto *110*
    Malos comportamientos *113*
    Junto a los abuelos *115*
    Retos para los padres *116*

Capítulo 9: Rivalidad Entre Hermanos 122
    Por qué ocurren las peleas entre hermanos *124*
    Entendiendo sus diferencias *125*
    Cuándo intervenir *126*
    Trucos para padres *127*
    Perspectivas de los padres *129*

Capítulo 10: Demasiado Tiempo Frente A La Pantalla 138
    Riesgos del tiempo excesivo frente a la pantalla *140*
    Evalúa tus prácticas de tiempo frente a la pantalla ... *142*
    Tiempo de pantalla inteligente *145*
    Casos prácticos *147*
    Alternativas al tiempo frente a la pantalla *148*
    Recursos adicionales *150*
    Retos para los padres *152*

Capítulo 11: Rabietas A La Hora De La Comida 158
    Cómo no gritar *159*
    Consejos para las crisis comunes a la hora de comer *160*
    Cómo prevenir los berrinches a la hora de comer *163*

Capítulo 12: Batallas A La Hora De Acostarse............................ 171
    Por qué se produce la batalla a la hora de dormir 173
    Crea un sistema de relajación 174
    Lo que los niños quieren 175
    Rutinas para un sueño tranquilo 177
    Retos para los padres 179

Parte 4 Reflexiones Finales

Capítulo 13: Ama A Tu Hijo(A) 188
    Todo comportamiento es comunicación 189
    No te lo tomes como algo personal 191
    Enfócate en ti mismo(a) 192

Capítulo 14: Felices Juntos 196
    Cambio positivo 197
    Visualiza tu día 199
    Aguanta 200
    No te preocupes por el mañana 201

Conclusión 203

Referencias 207

INTRODUCCIÓN

Para estar en los recuerdos de tus hijos mañana, tienes que estar en sus vidas hoy- Barbara Johnson

Si estás leyendo este libro, es probable que hayas experimentado tanto el lado dulce como el amargo de la paternidad.

Bienvenidos a la vertiginosa aventura de ser padres, un viaje en el que cada día aporta su propia mezcla de risas y lágrimas, triunfos e intentos. Este no es un libro más de paternidad; es una guía real, realista y con la que te puedes identificar a través del laberinto de la crianza de los hijos.

Imagínate esto: en un momento, tu corazón se llena de orgullo cuando tu pequeño susurra "Te quiero", con sus deditos enredados en los tuyos. Estos son los momentos mágicos, dignos de Instagram, que todo padre atesora. Pero luego, tan rápido como llegan, estos momentos son sustituidos por los caóticos episodios de lamentos nocturnos o berrinches públicos que te ponen los pelos de punta. Tu viaje como padre también incluye navegar por rabietas sobre calcetines que no hacen juego cuando intentas llevar a tu hijo a la escuela a tiempo, o por la elección de cereales en el pasillo del supermercado.

Como instructora para padres, he visto de todo, desde los momentos más tiernos y reconfortantes hasta los más estresantes. Mi propio viaje como madre también ha tenido su parte de historias pintorescas, como un tranquilo desayuno de sábado por la mañana que de repente se convirtió en una carrera al supermercado, todo por un pequeño desacuerdo sobre un juguete.

En este libro, vamos a hablar de verdad sobre la paternidad. No se trata solo de asegurarse de que los niños estén alimentados y seguros. Se trata de guiarlos para que crezcan como personas solidarias y seguras de sí mismas. Y la verdad sea dicha, no existe un manual mágico para ello. Cada niño es diferente, y tú también. Pero aquí está el lado bueno: no estás solo en esto. Con el enfoque adecuado, incluso las partes difíciles de la paternidad pueden ser más suaves y manejables.

Yo he pasado por eso – empezando como madre, sintiéndome un poco fuera de control, y luego convirtiéndome gradualmente en una fuerza más tranquila y comprensiva en la vida de mi hijo. Pero no fue de la noche a la mañana. Se trataba de reconocer mis sentimientos, averiguar qué era lo que realmente me afectaba y ver cada desafío como una oportunidad para acercarme más a mi hijo y fortalecerme como madre.

Piensa en este libro como en tu guía amistosa a través de las tierras salvajes de la paternidad. Cada capítulo es una pizca de sabiduría, ideal para esos raros momentos de tranquilidad que los padres tanto aprecian. Tanto si estás calmando las lágrimas de tu hijo pequeño como si intentas llegar a tu hijo adolescente, en estas páginas encontrarás consejos prácticos y conversaciones reales.

Exploraremos todos los temas, desde averiguar qué te saca de quicio hasta dominar la "Fórmula de no gritar". Nos sumergiremos en temas que te darán los conocimientos necesarios para enfrentarte a la paternidad de frente, con confianza y tranquilidad. Recuerda, la crianza es maravillosamente imperfecta. Es desordenada, agitada, pero también está llena de amor y lecciones increíbles.

No importa en qué punto de tu viaje como madre o padre te encuentres, este libro está repleto de ideas para cada momento. Prepárate para afrontar cada día con paciencia, un toque de humor y mucho amor. Pasa página y embárcate conmigo en este apasionante viaje. Demos nueva forma a la paternidad, un sincero, desafiante e inolvidable día a la vez.

PARTE 1

EL ENOJO Y LOS PADRES

"EL ENOJO ES A MENUDO MÁS HIRIENTE QUE LA HERIDA QUE LO CAUSÓ"

@NOYELLINGPARENTINGTOOLBOX

CAPÍTULO 1

ENOJO DE LOS PADRES

"El enojo es a menudo más hiriente que la herida que lo causó."
- Anónimo

"¡Me estás volviendo loco(a)!"

Todos hemos tenido esos feos momentos en los que sentimos que se nos va a fundir un fusible, o estamos a punto de rendirnos porque los excesos de nuestro hijo(a) han alcanzado un límite sin precedentes. Tal vez tu hijo(a) convierta la hora de acostarse en un campo de batalla, se pelee por las verduras o se niegue a escuchar lo que dices por mucho que grites.

Yo misma he tenido momentos en los que parecía que estaba a punto de tener una crisis. Incluso llegué a preocuparme de convertirme en un elemento permanente del despacho del director de la escuela porque mi hijo no paraba de contestar. La mayoría de los padres se han sentido fracasados en algún momento.

La paternidad, por muy reconfortante que pueda ser, es también una montaña rusa de emociones — alegría, amor, risa, irritación, y, sí, incluso enojo. ¿Te sorprende? Pues no te preocupes. Ni siquiera los más tranquilos de entre nosotros son inmunes a la ocasional erupción de emociones.

Nos subimos a esa montaña rusa porque es imprevisible y emocionante, contiene giros y vueltas que nos hacen palpitar el corazón y a veces nos dan ganas de gritar a pleno pulmón. Depende de nosotros armarnos de herramientas útiles con las que viajar con seguridad.

Este primer capítulo se adentrará en las raíces de nuestro enojo y en las reacciones de rabia más comunes. Tú sabes, esas situaciones tan habituales que nos sacan de quicio y que a veces consiguen sacarnos de quicio. Aquí hablaremos de ellas, así que quédate conmigo.

RAÍCES DEL ENOJO DE LOS PADRES

Seamos realistas, los altibajos de la crianza pueden llevarnos al borde de la rabia. Pero no se trata solo de *estar enojado*; se trata de lo que se está gestando en el fondo y que te hace hervir de coraje. Comprender de dónde procede tu enojo es como encontrar la pieza que falta en un rompecabezas.

En primer lugar, hablemos del **estrés**. Tienes facturas que pagar, plazos de entrega en el trabajo y una montaña de ropa para lavar.

Si a eso le añades una rabieta de un niño pequeño, el estrés puede convertirse en enojo más rápido que un vaso de jugo derramado.

No pasemos por alto las **molestias cotidianas**. Los juguetes esparcidos por todas partes, las preguntas interminables, el comer melindroso. Puede ser una prueba constante para tu paciencia.

Luego están las **expectativas no cumplidas**. Todos soñamos con momentos de paternidad perfectos. Pero en lugar de dulces sonrisas, a veces acabas teniendo que lidiar con contestaciones groseras y peleas a la hora de acostarse. Esa frustración puede convertirse fácilmente en un estallido de rabia.

La **historia personal** también desempeña un papel importante. Piensa en cómo te criaron. Tal vez tuviste unos padres muy estrictos y ahora te encuentras a ti mismo estallando cuando tus hijos no siguen las normas. O tal vez creciste en un hogar donde gritar era la norma, y ahora repites el ciclo sin darte cuenta.

No te olvides de la **regulación emocional**. Es como tener un termostato para tus sentimientos. A veces, si está demasiado alto, la cosa más insignificante puede hacerte estallar. Y si estás agotado, sin "tiempo para ti" a la vista, ese termostato puede dispararse.

La **falta de sueño** puede ser una de las causas principales de la falta de paciencia con tus hijos. ¿Has intentado alguna vez ser el mejor padre del mundo con cuatro horas de sueño? Todo es más irritante, y la paciencia se agota rápidamente.

Ahora, piensa en **la comunicación** (o en la falta de ella). Puede que no estés de acuerdo con tu pareja en lo que respecta a la crianza, o que sientas que tus hijos no te escuchan. En ambos casos puedes tener la sensación de estar hablando con una pared de ladrillos, y eso puede aumentar mucho la frustración.

Por último, está la **sensación de perder tu identidad**. A veces, en medio de la paternidad, puedes sentir que has perdido un poco de quién eres, y eso puede provocar sentimientos de resentimiento o enojo.

Comprender las raíces de tu enojo es como ponerte un par de lentes nuevos. De repente, las cosas se vuelven más claras. No se trata de ser un mal padre; se trata de ser humano. Una vez que entiendes de dónde viene la ira, puedes empezar a trabajar en estrategias para calmarte, encontrar ese "tiempo para mí" que tanto necesitas y convertir esos momentos difíciles en oportunidades de crecimiento. Así que respiremos hondo, demos un paso atrás y abordemos juntos este asunto del enfado.

Hay grupos y recursos de apoyo a la crianza disponibles en tu comunidad o en Internet que pueden proporcionarte orientación adicional y un sentimiento de pertenencia. No dudes en buscar estas valiosas fuentes de apoyo cuando te embarques en tu viaje de crianza. Compartir tus experiencias y escuchar a los demás en grupos de apoyo locales o en línea puede ser increíblemente útil. Pedir ayuda no es vergonzoso; es un paso valiente para liberarte de tu enojo y convertirte en el mejor padre o madre que puedas ser.

REACCIONES COMUNES DE ENOJO

1. Gritar

Los niños pueden hacer que hasta los padres más pacientes quieran arrancarse el cabello y recurrir a los gritos.

Imagínate la hora de cenar con tu hijo de 6 años, Jack, que mira con desprecio las verduras que no ha tocado. A pesar de tus repetidas peticiones, se niega a comer. Abrumada por la frustración, te encuentras gritando: "¿Cuántas veces tengo que decírtelo? ¡Cómete las verduras ya!". Es un caso clásico de cómo la frustración puede dominarte y llevarte a gritar.

2. Castigo inmediato

Creo que todos hemos tenido momentos en los que nuestra paciencia se agota y nos vemos empujados a imponer consecuencias inmediatamente.

Imagina un escenario en el que Sarah, tu pequeña artista, utiliza la pared de la sala de estar como lienzo. La visión de las marcas de crayones sobre la pintura fresca te empuja a tomar una decisión impulsiva: "¡Nada de ver la tele durante una semana!". Esta situación ejemplifica cómo la frustración puede llevar a un castigo inmediato y, a menudo, severo.

3. Desestimar o ignorar

A veces, desestimar o ignorar el problema puede ser la forma más fácil para los padres de evitar que se produzca un berrinche público.

Estás en un supermercado con el pequeño Tom. Tiene una rabieta por un juguete que no le quieres comprar. Mientras los curiosos te miran, decides ignorar su rabieta y seguir comprando, con la esperanza de que se le pase. Este enfoque se utiliza a menudo para evitar la vergüenza pública.

4. Asumir intenciones negativas

Es fácil que los padres asuman intenciones negativas de sus hijos cuando aparece la frustración.

Digamos que estás atendiendo una llamada importante y tu hija Sophie te interrumpe entusiasmada para enseñarte su dibujo. Frustrado(a), silencias la llamada y respondes: "¿No ves que estoy ocupada? No seas maleducada!" Esta reacción se basa en la suposición de que el motivo por el que tu hija entró en la habitación era interrumpir intencionadamente tu llamada, cuando en realidad era simplemente para compartir su entusiasmo por el dibujo.

5. Comportamiento habilitador

¿Alguna vez te has encontrado diciendo que sí a los caprichos de tu hijo solo para evitar una crisis? Muchos padres comprenderán esa tentación.

En el supermercado, Alex se fija en su dulce favorito. Suplica en voz alta, sientes las miradas de los demás compradores y, antes de que te des cuenta, la golosina está en tu carrito. "De acuerdo", dices, "pero mantengamos la calma durante el resto del viaje". En pocas palabras, eso es un comportamiento permisivo: ceder a los deseos de tu hijo para evitar un escándalo o mantener la paz.

Ahora, piensa en las cinco reacciones habituales de las que hemos hablado. ¿Cuáles te han tocado la fibra sensible? Personalmente, he luchado con todas ellas, pasando de una a otra. He probado de todo para calmar a mi hijo, pero al final era una solución temporal; las rabietas siempre volvían.

Retrospectivamente, veo el fallo de mi forma de actuar. Se trataba de una solución rápida –sin lecciones reales –y todo se basaba en cómo actuaba mi hijo en el momento. Como madre inexperta, no sabía manejar mis propias emociones con eficacia, así que era imposible guiar a mi hijo sobre cómo manejar y expresar sus emociones de forma saludable.

CUESTIONARIO SOBRE LA IRA DE LOS PADRES

Responde a este cuestionario para hacerte una idea clara de tu estilo de crianza en situaciones cotidianas. Las respuestas sinceras te revelarán si estás dominando el juego de la paternidad o si puedes mejorar un poco. Es una forma rápida y perspicaz de ver en qué punto te encuentras y cómo puedes mejorar tu trayectoria como padre/madre. Solo tienes que elegir las respuestas que más se parezcan a ti, sumar tus puntos y descubrir tu nivel de control del enojo en la crianza.

1. Tu hijo derrama su bebida en el suelo.

    - "¡No otra vez! ¿Por qué no puedes tener más cuidado?" mientras limpias con un suspiro frustrado. (3 puntos)
    - "Necesitas limpiar esto ahora y tener más cuidado la próxima vez", en tono firme. (4 puntos)
    - "¡Uy! No te preocupes, estas cosas pasan. Vamos a limpiarlo juntos", con una sonrisa. (1 punto)
    - "Bueno, tú has hecho el desastre. Límpialo tú", sin ofrecerte a ayudar. (2 puntos)

2. Tu hijo no está listo a tiempo para ir a la escuela.

   - "¡Todas las mañanas es la misma historia! Date prisa!" con notable irritación. (3 puntos)
   - "Otra vez te has retrasado. La próxima vez, levántate cuando te lo diga", con voz severa. (4 puntos)
   - "Parece que alguien llega un poco tarde. Vamos a ver cómo podemos acelerar esto", con calma. (1 punto)
   - Murmurar en voz baja que llegas tarde, pero sin decir nada directamente. (2 puntos)

3. Tu hijo hace una rabieta en un lugar público.

   - "¿Qué te pasa, cariño? ¿Puedes decírmelo?" mientras te arrodillas a su altura. (1 punto)
   - Intentar sobornarles con una golosina para que paren la rabieta, sintiéndote estresado(a). (3 puntos)
   - Apartarles rápidamente de la escena para no pasar más vergüenza. (2 puntos)
   - "¡Para ya! Todo el mundo nos está mirando!" con la cara sonrojada. (4 puntos)

4. Tu hijo se olvida de hacer la tarea.

   - "Esto es importante, ¡no puedes seguir olvidándote de hacer las tareas!", con preocupación en la voz. (3 puntos)
   - "Sentémonos y veamos cómo podemos acordarnos la próxima vez. ¿Necesitas una agenda?" en tono servicial. (1 punto)
   - "¿Otra vez? Necesitas empezar a tomarte esto en serio!" visiblemente molesta. (4 puntos)
   - Poner los ojos en blanco pero decidir no decir nada al respecto. (2 puntos)

5. Tu hijo no se come los vegetales.

    - "No dejarás esta mesa hasta que comas tus verduras", con mirada severa. (4 puntos)
    - "¿Qué tal un postre después de unos bocados de estas verduras?", intentando negociar. (3 puntos)
    - "Las verduras son buenas para ti. Hablemos de por qué son importantes", con tono amable. (1 punto)
    - Sentirte molesto(a), pero decidir no convertirlo en un gran problema esta vez. (2 puntos)

6. Tu hijo te contesta irrespetuosamente.

    - "Esa no es manera de hablarme. Necesitas mostrar algo de respeto", con firmeza. (3 puntos)
    - "Necesitamos hablar de cómo nos hablamos. Busquemos una forma mejor", con calma. (1 punto)
    - Sentirte herido, pero preguntar: "¿Te molesta algo?" para comprender su comportamiento. (2 puntos)
    - Responder con una réplica brusca, atrapado en el momento. (4 puntos)

7. Tu hijo está jugando a todo volumen mientras estás hablando por teléfono.

    - "¿No ves que estoy hablando por teléfono? ¡Cállate!", haciéndoles un gesto para que baje el volumen. (4 puntos)
    - Señalar el teléfono y decir en voz alta: "¡Cállate!", sintiéndote interrumpido(a). (3 puntos)
    - Después de la llamada, explicar por qué es importante guardar silencio durante las llamadas telefónicas. (1 punto)
    - Intentar ignorar el ruido y centrarte en la llamada, sintiéndote un poco frustrado(a). (2 puntos)

Puntuación:

- 7-10 puntos: ¡Excelente control del enojo! Manejas los retos de la crianza con paciencia y comprensión.
- 11-17 puntos: Nivel de ira moderado. Te manejas bien en algunas situaciones, pero hay momentos en los que te invade el enojo.
- 18-24 puntos: Nivel de rabia superior al promedio. Explorar nuevas estrategias para controlar el estrés y el enojo podría ser beneficioso.
- 25-28 puntos: Nivel de ira elevado. Podría ser útil buscar recursos o apoyo para manejar mejor las reacciones y fomentar un ambiente familiar positivo.

"NO DEJES QUE TU IRA TE CONTROLE. NO TE PERMITAS CONTROLAR A TU HIJO. GUÍA CON CALMA, GUÍA CON EL EJEMPLO."
-ANÓNIMO

@NOYELLINGPARENTINGTOOLBOX

CAPÍTULO 2

CONOCE TUS FACTORES DESENCADENANTES

"No dejes que tu ira te controle. No te permitas controlar a tu hijo. Guía con calma, guía con el ejemplo." – Anónimo

¿Alguna vez te has enojado mucho por algo sin importancia y luego te has preguntado por qué te ha molestado tanto? Este capítulo trata de eso.

Digamos que tu pareja acaba de ducharse y ha dejado el suelo del baño todo mojado, con huellas de agua que conducen al dormitorio. La mayoría de nosotros no sonreiríamos por eso. En lugar de eso, probablemente estaríamos bastante molestos, quizá incluso gritaríamos un poco. Ese sentimiento, ese salto rápido al fastidio o la ira, es lo que llamamos un "desencadenante".

¿Sabes qué activa tus desencadenantes? ¿Has pensado por qué algunas pequeñas cosas que hacen tus hijos pueden hacerte enojar muchísimo, mientras que a tu pareja no parece preocuparle lo más mínimo? Los desencadenantes de cada persona son diferentes. Este capítulo te ayudará a descubrir los tuyos. Veremos por qué pequeñas cosas pueden hacer que hasta la persona más tranquila pierda la calma y actúe de un modo que normalmente no haría. Hablaremos de qué son los desencadenantes, por qué es importante conocerlos y veremos algunos ejemplos. Queremos ayudarte a comprender esos rápidos sentimientos de ira o enojo y cómo manejarlos mejor.

DESENCADENANTES MÁS COMUNES

Los desencadenantes de la crianza son esos momentos en los que nuestros hijos hacen o dicen algo y, de repente, nos enfadamos. Puede que empecemos a gritar, a llorar o incluso a decir cosas de las que luego nos arrepentimos. Es como si en un momento estuviéramos bien, y al siguiente, realmente furiosos. Esto nos pasa a todos.

Entonces, ¿qué es lo que provoca estos desencadenantes? Vamos a desglosar algunos de los más comunes:

- **Que los niños no te escuchen**: Imagina que estás intentando explicar algo importante a tu hijo, pero está absorto en su videojuego, con los auriculares puestos, y te ignora totalmente. Sí, eso es un desencadenante.

- **Discusiones entre hermanos**: Figúrate esto: estás intentando trabajar desde casa y, de repente, oyes a tus hijos enfrascados en una fuerte discusión sobre quién se queda con el control remoto del televisor. Tus niveles de estrés se disparan. Bienvenida a la ciudad de los desencadenantes.

- **Desperdicio de comida**: Te has pasado horas preparando una deliciosa cena casera, y tu hijo le echa un vistazo y dice: "¡Esto no me gusta! Quiero otra cosa". Muchos de nosotros empezamos a pensar en cómo otros niños menos afortunados podrían beneficiarse de esa comida. Otro desencadenante clásico.

- **Niños que te contestan:** Es duro cuando tu hijo, normalmente dulce, empieza a discutir todo lo que dices y a cuestionar tu autoridad. Por ejemplo, le pides que limpie su cuarto y responde: "¿Por qué tengo que hacerlo? Es mi habitación". Definitivamente frustrante.

- **Lloriqueos:** Imagina a tu hijo quejándose repetidamente en tono agudo de que quiere un juguete nuevo mientras estás de compras. Esas quejas constantes sobre asuntos triviales pueden poner a prueba tu paciencia.

- **Tonterías:** Los niños necesitan jugar y divertirse, pero a veces sus travesuras pueden ser abrumadoras. Imagínatelos corriendo por la casa, gritando y riendo, mientras tú intentas tener una llamada seria de trabajo. Eso puede subirte la presión arterial.

- **Rabietas y grandes emociones:** Estás en el supermercado y, de repente, tu hijo monta una rabieta tremenda porque no le compras un caramelo. Los compradores te miran fijamente y tú intentas manejar la situación. Puede ser abrumador.

- **Falta de intimidad o espacio personal:** ¿Alguna vez has sentido que no puedes tener un momento a solas? Imagina que estás en el baño intentando tener un momento de paz, y tu hijo irrumpe con un millón de preguntas. Los niños pueden invadir tu espacio personal, perturbando tu intimidad.

Todos ellos son desencadenantes habituales para los padres, que pueden provocar un arrebato emocional.

Y es interesante ver cómo cambian los desencadenantes a medida que nuestros hijos crecen. Por ejemplo, cuando mi hijo era apenas un bebé, su llanto me hacía sentir pánico. Mi corazón latía muy aprisa, me sudaban las manos y me sentía asustada y un poco fuera de control. Ahora que es adolescente, es más probable que cunda el pánico si sale tarde o participa en una actividad de riesgo.

Es bueno recordar que estos sentimientos son normales. Forman parte de ser padre o madre. Cada persona tiene cosas distintas que le hacen reaccionar con fuerza, y eso está bien. El primer paso para manejar mejor estos sentimientos es darnos cuenta de qué nos hace sentir así. Una vez que lo sepamos, podremos mantener la calma y ayudar a nuestros hijos de la mejor manera posible, tengan la edad que tengan.

EMOCIONES REFLEXIVAS

Justo cuando crees que entiendes la montaña rusa de la paternidad, te ves sorprendido por tus propias emociones. Una cosa es identificar los desencadenantes habituales que nos provocan, y otra enfrentarse a las emociones profundas y reflexivas que suscitan. Pero no se trata de molestias cualquiera. Son sentimientos profundos, a menudo sorprendentes, que surgen de nuestras propias historias vitales.

¿Te has preguntado alguna vez por qué a veces te irritas o te enojas en respuesta a pequeñas acciones de tu hijo? Este fenómeno puede atribuirse a menudo a las "emociones reflexivas", que son nuestras reacciones emocionales subconscientes y automáticas.

Las emociones reflexivas pueden considerarse emociones sobre las emociones. Representan los propios sentimientos del progenitor desencadenados por las emociones de su hijo. Estos sentimientos pueden incluir sensaciones de empatía, malestar, ira, tristeza, vergüenza o lástima. Por ejemplo, podrías experimentar ira como reacción a sentirte avergonzado en una situación determinada, lo cual es un ejemplo clásico de emociones reflexivas.

Piensa en una situación en el parque infantil en la que, al ver que tu hijo espera vacilante su turno en el columpio pero no habla, quizá le regañes impulsivamente: "¡Diles que es tu turno!". Más tarde, te preguntas por qué te enfadaste tanto en ese momento. Tal vez sea porque en tu infancia te regañaron de forma similar y, al ver la indecisión y el silencio de tu hijo, se desencadenan esos viejos sentimientos, lo que provoca tu enojo.

¿Por qué es importante leer y comprender tus emociones reflexivas como padre? Porque para comprender mejor y responder adecuadamente al mundo interior de nuestro hijo, puede ser beneficioso reflexionar de vez en cuando sobre nuestro propio mundo interior.

Cuando nos enfrentamos a cualquier problema relacionado con nuestro hijo, ser conscientes de nuestras propias emociones reflexivas nos permite filtrarlas y centrarnos así en los sentimientos del niño, en lugar de en los nuestros. Al ver realmente al niño tal como es, podemos responder a las situaciones difíciles con flexibilidad y sabiduría.

Examinemos brevemente nuestras emociones reflexivas internas. Intenta llenar el ( ) con diversas emociones, como ira, miedo, tristeza, alegría, etc., para explorar cómo se aplica.

- ¿Has tenido experiencias relacionadas con (la tristeza) en tu infancia?
- ¿Cómo expresaba tu familia (alegría)?
- ¿Cómo era tu madre/padre cuando estaba (enojado/a)?
- ¿Cómo reaccionaban tus padres cuando estabas (triste)?
- ¿Qué haces cuando tienes (miedo)?
- ¿Qué te hace estar (enojado)?

Una forma estupenda de ayudar *a tu hijo* a comprender las emociones reflexivas es hojear juntos los álbumes de fotos de tu infancia. Cuando ambos echen un vistazo a esas imágenes de tu pasado, comparte pequeñas historias sobre lo que ocurría en cada foto y cómo te sentías entonces. Es como hacerle a tu hijo un recorrido amistoso por tus días de juventud. Además, puede ayudar a llamar su atención sobre algunos incidentes responsables de tus propias emociones reflexivas.

Puedes hacerlo aún más identificable conectando tus historias con sus experiencias. Por ejemplo, puedes encontrar una foto tuya en la que parezcas un poco tímido en un evento de la escuela. ¡Comparte esa historia! Cuéntales cómo querías hablar con valentía delante de tus amigos, pero acabaste sintiéndote nervioso(a) y con la lengua trabada, igual que se sienten ellos a veces. Es una forma divertida y cercana de demostrar a tu hijo que comprendes y compartes sus sentimientos, cerrando la brecha entre sus mundos con calidez y empatía.

GRITAR O NO GRITAR

Todos hemos pasado por eso: ese momento en que el volumen de nuestra voz aumenta y nos encontramos gritando a nuestros hijos. En el fondo, sabemos que es contraproducente. Gritar no conduce realmente a cambios positivos. En todo caso, a menudo hace que el ambiente sea más tenso. Es como gritar a tu pareja: no resuelve los problemas por arte de magia, ¿verdad?

Entonces, ¿por qué gritamos? A menudo es una respuesta automática, una reacción instintiva ante un mal comportamiento o una situación que se nos escapa de las manos. A veces, es porque no conocemos otra forma. Quizá no nos enseñaron otros métodos, o quizá, en el calor del momento, recurrimos por defecto a lo que hemos aprendido inconscientemente de nuestra propia educación.

Es crucial reconocer que los gritos no tienen tanto que ver con las acciones de tu hijo como con tu estado emocional. Durante esos momentos intensos, los pensamientos negativos pueden nublar tu mente: "Estoy fracasando como padre", "Soy invisible", "Nadie me escucha ni me aprecia", "No soy lo bastante bueno". Pero es probable que estos pensamientos sean ecos del pasado, no reflejos del presente.

Pero, ¿por qué ocurre esto? Los desencadenantes son como máquinas del tiempo que te transportan a tu pasado. Incluso después de muchos años, pueden activarse viejas heridas emocionales de tu pasado, recordándote el dolor y las creencias que has arrastrado hasta la edad adulta.

Esto hace que distintas personas reaccionen de forma diferente ante la misma situación. Por ejemplo, puede que te enfades más que tu pareja por el comportamiento de tu hijo. Puede que incluso te preguntes por qué tu pareja considera aceptable ese comportamiento, cuando para ti claramente no lo es. Estas diferencias de percepción tienen su origen en los distintos valores familiares y estilos de crianza que cada uno de vosotros experimentó al crecer. Reconocer estas diferencias es importante. Ayuda a comprender que no existe un enfoque único para la crianza de los hijos.

TE SACAN DE TUS CASILLAS

Es un mantra bien conocido de la paternidad: tu hijo te sacará de quicio. No se trata de que intente molestarte; solo forma parte de ser un niño. Están aprendiendo sobre el mundo, poniendo a prueba sus límites y viendo qué pasa. Así que espera que ocurra e intenta no tomártelo demasiado personal.

Al igual que una persona que sabe del tiempo agarra un paraguas esperando que llueva, tú puedes ser un padre sabio anticipándote a estos momentos de prueba. Tu hijo no quiere hacerte la vida imposible; solo es un niño, que hace cosas propias de un niño. Seguramente se portará mal o pondrá a prueba sus límites: todo forma parte del crecimiento.

Tu trabajo consiste en mantener la calma y mostrarles dónde están trazados los límites. Cuando crucen esas líneas, depende de ti guiarles suave pero firmemente de vuelta. No se trata de enojarse. Se trata de enseñarles lo que está bien y lo que no.

Piénsalo así: tú eres el capitán tranquilo que dirige el barco por las agitadas aguas de la infancia. Tu hijo explora y a veces se desvía del rumbo. Tu trabajo es reconducirlo por el buen camino, sin perder la calma. Espera esos momentos, prepárate para ellos y manéjalos con mano firme. En eso consiste ser un buen padre.

PARTE 2

NO NECESITAS GRITAR

"LA SEÑAL DE UNA BUENA CRIANZA NO ES EL COMPORTAMIENTO DEL NIÑO. LA SEÑAL DE UNA CRIANZA VERDADERAMENTE GRANDIOSA ES EL COMPORTAMIENTO DE LOS PADRES".
– ANDY SMITHSON

@NOYELLINGPARENTINGTOOLBOX

CAPÍTULO 3

CALMA EN EL CAOS

"La señal de una buena crianza no es el comportamiento del niño. La señal de una crianza verdaderamente grandiosa es el comportamiento de los padres."– Andy Smithson

Imagínate esto: estás en la cocina, horneando galletas y creando recuerdos con tu hijo. Las risas llenan el aire, mezcladas con el dulce aroma de las galletas en el horno. De repente, en un torbellino de entusiasmo, las manos de tu pequeño juegan a tientas y una bolsa entera de harina cae al suelo. Ambos se encuentran en medio de esta inesperada nevada, en una encrucijada: ¿dejas que la frustración se apodere de ti o compartes una sonrisa y lo conviertes en una lección divertida?

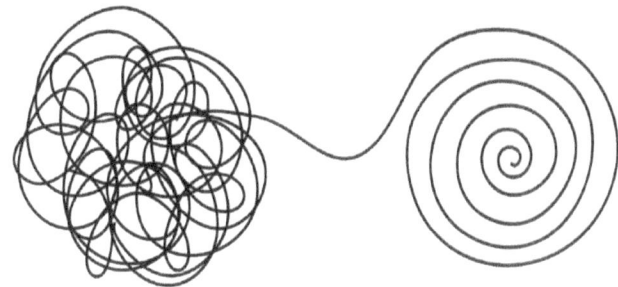

Bienvenido(a) a "Calma en el caos". En este capítulo, aceptamos estos momentos cubiertos de harina, reconociéndolos como oportunidades perfectas para enseñar y crear lazos afectivos. No se trata solo del desorden, sino de cómo decidimos responder a los inocentes percances de nuestro pequeño. Juntos, hurguemos en la harina y descubramos la alegría de estas situaciones, transformando las frustraciones rápidas en momentos de risa y aprendizaje. Aquí es donde empieza la verdadera receta para una crianza positiva: con una pizca de paciencia y mucho amor.

RESPONDE, NO REACCIONES

Es increíblemente fácil dejarse llevar por el calor de una rabieta. El impulso natural es reaccionar de inmediato. Pero he aquí un secreto: hay una forma mejor de manejar esto, y es respondiendo, no reaccionando. *Reaccionar* a menudo significa actuar por impulso, sin pensar en el impacto a largo plazo. Esto puede llevar a decir o hacer cosas en el calor del momento de las que podrías arrepentirte más tarde. En cambio, *responder* significa tomarse un momento para respirar, evaluar la situación y abordarla con calma y reflexión. Se trata de comprender el meollo del asunto y abordarlo de un modo que no eche más leña al fuego emocional.

Cuando reaccionas, estás devolviendo tus emociones a las de tu hijo. Ellos gritan, tú gritas más fuerte. Es como un partido de tenis emocional. Pero responder es diferente. Se trata de crear un espacio seguro para que tu hijo exprese sus grandes sentimientos, ofreciéndole comprensión y empatía sin juzgarle. Por ejemplo, si tu hijo está molesto por algo que percibe como injusto, en lugar de menospreciar sus sentimientos, reconoce su frustración y escucha.

Veamos algunas situaciones cotidianas para mostrar la diferencia entre reaccionar y responder:

- Reaccionando: "¡Deja de llorar ahora mismo!"
- Respondiendo: "Pareces muy molesto. ¿Qué tal un abrazo?

- Reaccionando: "¡¿Qué?! ¿Volviste a derramar tu jugo?".
- Respondiendo: "Uy, los derrames ocurren. Limpiémoslo juntos".

- Reaccionando: "¿Cuántas veces necesito recordarte que des de comer al perro?"
- Respondiendo: "Seguimos olvidándonos de dar de comer al perro. Pongamos un recordatorio para que nos acordemos los dos".

- Reaccionando: ¿Otra "C" en matemáticas? ¿Qué está pasando?"
- Respondiendo: "Parece que matemáticas está un poco difícil en este momento. ¿Cómo puedo ayudarte a mejorar?"

- Reaccionando: "Basta ya de lloriqueos".
- Respondiendo: "Estoy aquí para escuchar. ¿Puedes decirme qué te está molestando con tu voz normal?".

Igual que sabes automáticamente que 1 + 1 = 2, a veces tu reacción ante los errores de tu hijo puede ser igual de automática: un grito rápido sin pensarlo dos veces. Pero imagina que estás a dieta, intentando perder unos kilos. Ves un tentador trozo de pastel y automáticamente quieres comértelo, pero en lugar de eso haces una pausa, recuerdas tu meta y eliges un tentempié más saludable. Es duro, seguro, pero estás haciendo un esfuerzo consciente.

Aplícalo ahora a la crianza. Cuando tu hijo derrama una bebida o rompe un juguete, tu primera reacción automática puede ser levantar la voz. Pero, ¿qué pasa si en lugar de eso te detienes, respiras y respondes con calma, como cuando eliges un bocadillo sano en lugar de pastel? Se trata de volver a entrenar tus reacciones automáticas, convirtiendo los temperamentos rápidos en paciencia rápida, una elección intencionada cada vez. Al igual que seguir una dieta, es un esfuerzo diario, pero que poco a poco construye un hogar más sano y feliz.

¿ESTÁS CASTIGANDO?

Todos reconocemos que es esencial ser razonables con nuestros hijos, pero la distinción entre castigo y consecuencias a menudo se confunde. No es raro que los padres confundan ambas cosas, lo que a veces da lugar a castigos poco razonables etiquetados erróneamente como consecuencias.

La diferencia es sutil, pero significativa. Castigar, ya sea con gritos, tiempos fuera o quitando cosas, puede dejar a los niños bastante mal. Y lo peor es que no les enseña lo que necesitan aprender.

Las consecuencias, en cambio, sirven para ayudar a nuestros hijos a comprender las consecuencias naturales de sus actos. No se trata de hacer que nuestros hijos se sientan mal, sino de guiarles para que tomen mejores decisiones en el futuro. Queremos conectar los puntos entre acciones y consecuencias de un modo que sea justo y tenga sentido para ellos.

Entonces, ¿cómo podemos dar en el clavo con esta táctica de crianza? Todo depende de nuestra mentalidad cuando nos enfrentamos a pasos en falso. Cuando tu hijo se porte mal, tómate un momento. Pregúntate a ti mismo(a): "¿Intento enseñarle algo o solo castigarle?". Esta pequeña pausa puede hacer que dejes de limitarte a castigarle y pases a guiarle y enseñarle.

Recuerda que la paternidad no es una batalla que hay que ganar. Se trata de ayudar a tu hijo a navegar por sus sentimientos y decisiones. Cuando entendemos claramente la diferencia entre consecuencias y castigo, no solo estamos aplicando normas; estamos creando un ambiente enriquecedor, propicio para el aprendizaje y el crecimiento personal.

Al elegir responder con consecuencias en lugar de castigos, enseñamos a nuestros hijos a considerar sus acciones de forma reflexiva. Les demostramos cómo navegar por la vida con comprensión y empatía, no con miedo y frustración.

En la página siguiente hay algunos ejemplos de castigo frente a consecuencias:

Comportamiento	Castigo (Forma tradicional)	Consecuencias (Enfoque realista y comprensible)
Palabras irrespetuosas	Boca lavada con jabón	Nada de videojuegos hasta que hablen amablemente durante un día
Tareas incompletas	Mandado a la cama temprano	No puede ir a casa de un amigo hasta que su habitación esté limpia
Daños materiales	Nalgadas y castigos	Ayuda a arreglar o limpiar lo que haya dañado
Malos modales en la cena	No televisión	Se le pide que deje la mesa, puede volver cuando esté preparado para ser educado
Decir mentiras	Sentarse en un rincón mirando a la pared	Tiene que hacer pequeñas tareas adicionales para demostrar que de nuevo son dignos de confianza
Robar	Gritos y sermones	Devuelve el objeto y pide disculpas a la persona a la que robó
Bajo rendimiento académico	Castigado(a) en casa	Tiempo extra de estudio reservado cada noche hasta que mejoren las calificaciones

"GRITAR SILENCIA TU MENSAJE. HABLA CON CALMA PARA QUE TUS HIJOS ESCUCHEN TUS PALABRAS EN LUGAR DE SOLO TU VOZ".
– ANÓNIMO

@NOYELLINGPARENTINGTOOLBOX

CAPÍTULO 4

FÓRMULA PARA "NO GRITAR"

"Gritar silencia tu mensaje. Habla con calma para que tus hijos escuchen tus palabras en lugar de solo tu voz." – Anónimo

Imagina un mundo de paternidad en el que tu voz permanece calmada, tu hijo escucha y cada reto se convierte en una oportunidad de crecimiento y conexión. Bienvenido a la Fórmula para No Gritar. No se trata solo de gritar menos. Se trata de una transformación de la comunicación que convierte cada momento de la crianza en una experiencia positiva.

Piensa en ello como un guión para criar hijos con éxito. Como los actores con un guión bien ensayado, esta fórmula prepara el terreno para interacciones más fluidas, que fomentan la comprensión, la conexión y el crecimiento con tus hijos.

Ahora, profundicemos en por qué necesitas esta fórmula. Ser padre sin esta guía puede conducir a situaciones ineficaces y estresantes. Cuando tu hijo se niega a limpiar su habitación o tiene una rabieta, ¿cuál es tu instinto? Si eres como muchos, puede que levantes la voz, esperando que te oigan por encima del ruido. Pero la crianza no consiste en soluciones rápidas. Gritar puede parecer eficaz en el momento, pero puede dejar un sabor amargo a todos los involucrados.

La Fórmula para No Gritar, también llamada respuesta consciente, es como tu manual de crianza, que te ayuda a identificar tu estilo natural de comunicación y te ofrece pasos para mejorarlo. ¿Eres un gritón o gritona? ¿Te frustras con facilidad? Esta fórmula te ayuda a minimizar las crisis tanto tuyas como de tu hijo, a reducir los conflictos y a aumentar la cooperación. Se trata de aprender a mezclar firmeza con amor, paciencia y comprensión, para crear la mezcla perfecta para una comunicación eficaz.

Exploremos cómo afrontar los retos de la paternidad sin levantar la voz y descubramos la magia de la Fórmula para No Gritar.

CÓMO HABLARLE A TU HIJO

Si no aprendimos a manejar nuestras emociones eficazmente en nuestra infancia, a menudo nos encontramos repitiendo patrones negativos. Esto nos lleva a menudo a momentos en los que expresamos enojo o culpamos erróneamente a nuestros hijos. Es un ciclo en el que el control emocional no se dominó temprano, por lo que sigue desafiándonos en la paternidad.

Afortunadamente, este ciclo puede romperse, y estoy aquí para mostrarte cómo con cuatro pasos prácticos. Piensa en estos cuatro pasos como en un código secreto. Cuando hables con tus hijos, ten presente este código. Te ayudará a atrapar esas palabras furtivas y negativas antes de que se escapen.

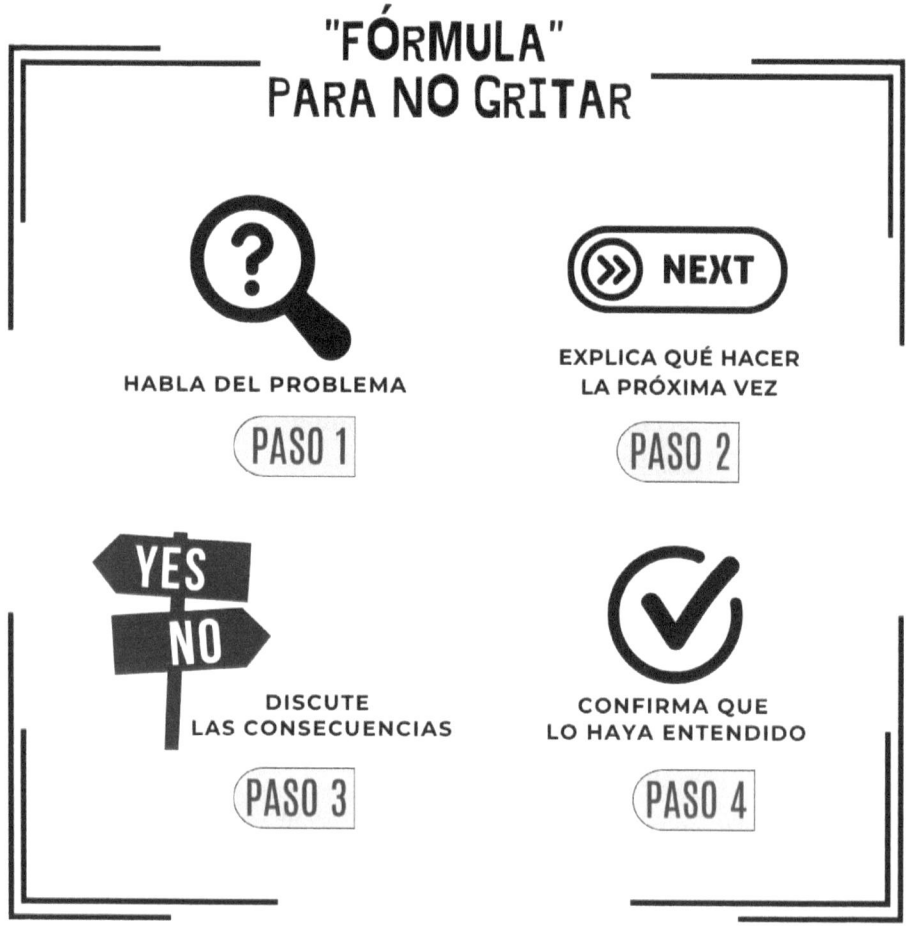

Paso 1: Habla del problema

Expresa el problema o la preocupación:

Utilicemos como ejemplo la gestión del tiempo frente a la pantalla. En lugar del típico: "¡Siempre estás con ese iPad! Voy a escondértelo!" o "Ya está, vas a hacer tareas extra por estar pegado a esa pantalla", intenta un enfoque diferente.

Tú: "**Me he dado cuenta** de que pareces tener problemas para apagar el iPad cuando te lo pido. Hablemos sobre eso."

Es sencillo, ¿verdad? Este enfoque solo expone el problema sin el calor emocional. Claro que es diferente, pero también es eficaz. Hace que la conversación pase de la confrontación a la colaboración. No se trata de atacar, sino de plantear un problema que ambos pueden resolver juntos.

Y un consejo profesional: mantén una sonrisa amistosa. Sí, es duro, pero indica que estás abierto(a) a una conversación constructiva, no solo a imponer la ley. Este enfoque establece un tono respetuoso y unas expectativas claras sin aumentar la tensión.

Paso 2: Explica qué hacer la próxima vez

Expresa el comportamiento esperado y sé claro(a) sobre tus expectativas:

Tú: "Me gustaría que apagaras el iPad cuando te lo pida, sin protestar".

Este paso consiste en establecer expectativas muy claras. No se trata solo de establecer normas, sino de guiar a tu hijo hacia un comportamiento responsable. Es importante que entienda que estos aparatos son un privilegio. Al decir: "Espero que lo hagas", estás subrayando lo que quieres ver, no solo lo que no quieres. El añadido "sin protestar" es clave. Aclara que buscas el cumplimiento con una actitud positiva. Sé claro pero también flexible, sobre todo con los niños más pequeños. La meta es el respeto mutuo y la cooperación, no solo el cumplimiento de las normas.

Paso 3: Discute las consecuencias

Revela claramente las consecuencias y por qué es importante:

Tú: "Si no apagas el iPad cuando te lo pida, tendrás que tomarte un descanso de él durante un tiempo".

Aquí es donde estableces los límites y las consecuencias. Al decir: "Si esto vuelve a ocurrir", le estás avisando – es su oportunidad de elegir el comportamiento correcto. La consecuencia, como una semana sin juegos, está directamente relacionada con el problema y ayuda a tu hijo a ver la relación entre acciones y resultados. Recuerda que la coherencia es la clave. Si lo dices, hazlo en serio. Esto enseña responsabilidad y respeto por las normas.

Paso 4: Confirma que lo haya entendido

Por último, pídele que repita la(s) regla(s):

Tú: (Usando una voz baja, amable y suave) "¿Puedes decirme lo que hemos acordado sobre el tiempo de pantalla?"

Aquí el tono lo es todo aquí. No eres un dictador; eres un guía. Este paso es como cerrar el círculo. Cuando tu hijo repite las normas y las consecuencias, confirma que las ha entendido. Piensa en ello como una recapitulación informal, asegurando que todos están de acuerdo. No se trata de memorizar las reglas, sino de comprenderlas. Es una forma de reforzar la responsabilidad y el respeto de los límites.

POR QUÉ LOS NIÑOS NO ESCUCHAN

Cuando nuestros hijos ponen a prueba nuestra paciencia, merece la pena reflexionar sobre cómo lo manejamos. ¿Alguna vez te has detenido a pensar en ello? Hay algo clave que debes tener en cuenta: sé razonable. Este sencillo concepto es enorme en la crianza, sobre todo cuando se trata de establecer consecuencias. Imagina que estableces normas que son justas y tienen sentido, como las que querrías en tu propio trabajo. Eso es ser razonable.

No se trata de ser estricto o débil, sino de ser justo. Si tu hijo incumple una regla, la consecuencia debe ajustarse al error. Demasiado duro, y será injusto. Demasiado suave, y se pierde la lección. Es como encontrar el volumen adecuado en tu reproductor de música – ni demasiado alto, ni demasiado bajo, sino el justo.

A continuación, nos sumergiremos en el arte de ser razonables. Recuerda que tu hijo prosperará bajo tu dirección cuando le escuches, le comprendas y establezcas unos límites claros y justos.

1. Respetar a tu hijo

Al principio, la idea de respetar a los niños puede parecer extraña a algunos padres. "¿Respeto para alguien tan pequeño?", podrían preguntarse. "¿Por qué?" Pero el respeto no es solo para los adultos. También es crucial para los más pequeños. Los niños, por muy pequeños que sean, son sorprendentemente perceptivos. Sienten profundamente, igual que nosotros. Por tanto, el respeto consiste en reconocer sus sentimientos, su presencia: respetarlos como personas. Significa no menospreciar sus emociones ni hacer que se sientan insignificantes. Se trata de tratarlos con amabilidad y comprensión, mostrándoles que nos importan. Al fin y al cabo, el respeto es una calle de doble sentido, y empieza desde los primeros años, moldeando cómo se ven a sí mismos y al mundo que les rodea.

2. Sin culpa, vergüenza ni dolor

Considera una situación sencilla: derramas algo. Como adulto, probablemente lo limpiarías y seguirías adelante. Pero cuando un niño ensucia algo, nuestro instinto puede ser darle un sermón. En lugar de eso, deberíamos tratar sus errores como si fueran nuestros. Una respuesta como "Uy, no pasa nada. Vamos a limpiarlo juntos" enseña a los niños que los errores son manejables y no catastróficos.

Ahora hablemos de las cosas más difíciles, como cuando no se portan bien o contestan. Es tentador corregirles en el momento. Pero piensa en esto: ¿cómo te sentirías si te llamaran la atención delante de los demás? Bastante vergonzoso, ¿verdad? Los niños también lo sienten. Así que, en lugar de un regaño público, llévalos aparte para charlar tranquilamente. Se trata de abordar el comportamiento sin hacerles sentir pequeños. Este enfoque les muestra respeto y les ayuda a entender el porqué de tu orientación.

Recuerda que los niños aprenden mejor en un ambiente en el que se sienten seguros, queridos y valorados, no en uno en el que se les humilla, asusta o amenaza.

3. Consecuencias razonables

Cuando se trata de ser padres, imponer consecuencias por un mal comportamiento es más un arte que una ciencia. La regla de oro es asegurarse de que la consecuencia está directamente relacionada con el comportamiento. ¿Por qué? Porque, como padres, nuestra meta final no es solo disciplinar, sino fomentar la comprensión y el aprendizaje auténticos.

Escenario: Tu hijo sigue montando en bici sin casco. Podrías sentir la tentación de sacar una consecuencia al azar que no guarde relación con el comportamiento.

Sin relación con el mal comportamiento: "Si no te pones el casco ahora, no te dejaré ver la tele".

Pero espera, ¿qué tiene que ver la TV con la seguridad de las bicis? Es como comparar manzanas con naranjas. Este tipo de consecuencias no relacionadas pueden acabar confundiendo e incluso enfadando a tu hijo, y no captará realmente el mensaje que intentas enviarle.

Para que una consecuencia funcione realmente y sea justa, necesita estar directamente relacionada con el mal comportamiento. Si no hay conexión, los niños pueden sentir que es injusta y, por tanto, no aprender de ella. Necesitan ver una causa y un efecto claros.

Relacionada con el mal comportamiento: "Si no te pones el casco, no podrás montar en bici en toda la semana".

Ahora, esa sí que es una consecuencia que tiene sentido. Como puedes ver, vincula directamente el mal comportamiento (no llevar casco) con un resultado relacionado (no montar en bici).

De este modo, tu hijo puede aprender que no llevar casco tiene consecuencias, reforzando la importancia de la seguridad. Una vez que la consecuencia se corresponde con su mal comportamiento, es más probable que los niños se lo tomen en serio y cambien de conducta.

La próxima vez que te enfrentes a un mal comportamiento y necesites imponer una consecuencia, recuerda que debe ser relevante. La meta es crear una experiencia de aprendizaje que se le quede grabada a tu hijo.

4. Realista y manejable

Cuando impongas consecuencias a las acciones de tu hijo, piensa en que sean realistas y manejables. Exagerar con castigos severos o prolongados puede ser contraproducente, ya que hará que sea difícil cumplirlos para ambos y puede dañar la confianza. En lugar de eso, intenta que las consecuencias sean más breves y factibles, y que puedas aplicarlas de manera consistente. Este enfoque ayuda a mantener la confianza y enseña eficazmente lecciones valiosas.

Considera de nuevo la situación del casco:

Duración no razonable: "¿Sin casco? Entonces estás castigado de la bicicleta durante un mes entero".

¡Un momento! ¿No te parece un poco extremo? ¿Es un mes entero sin la bici una compensación justa por no llevar casco? Probablemente no, sobre todo para los niños más pequeños. En el calor del momento, una consecuencia tan larga podría escaparse, pero siendo realistas, cumplirla durante todo un mes es mucho pedir.

Pensemos ahora en un enfoque más manejable y justo:

Duración razonable: "Si te niegas a llevar el casco, entonces nada de montar en bici durante una semana [o quizá un día en el caso de un niño más pequeño]".

Esto tiene mucho más sentido. La consecuencia está directamente relacionada con el mal comportamiento, y el plazo es algo que puedes hacer cumplir sin demasiados problemas. Tu hijo comprenderá rápidamente que no llevar casco conlleva una consecuencia inmediata y relacionada.

La clave aquí es utilizar las consecuencias como herramientas de enseñanza, no como una forma de resaltar cada pequeño error. Si la duración de las consecuencias es razonable y se adapta a la edad y el nivel de madurez de tu hijo, es más probable que las cumpla. Y es más probable que tu hijo comprenda, aprenda y crezca a partir de la experiencia. Convierte toda la dinámica en una oportunidad de aprendizaje positivo para todos los implicados.

En la crianza, ser razonable es tu arma secreta. Es la clave para abrir un mundo en el que prosperen la comprensión, la cooperación y el crecimiento.

LOS NIÑOS SON COMPRENSIVOS

A medida que exploramos la Fórmula para No Gritar, aprendemos a establecer consecuencias justas y a responder con atención, hay otra cosa importante que debemos tener en cuenta: los niños son mucho más comprensivos de lo que a veces pensamos. Puede que te sorprenda, sobre todo en esos días llenos de demasiado caos y travesuras. Pero recuerda que, incluso cuando se portan mal, los niños pueden entender las cosas bastante bien si nos tomamos la molestia de explicárselas.

Imagínate esto: estás agobiado(a) con un gran proyecto en casa, el plazo te pisa los talones y, justo entonces, tus hijos empiezan a jugar ruidosa y alborotadoramente en la sala de estar. En lugar de levantar la voz, prueba un enfoque diferente. Explícales con calma: "Necesito concentrarme durante un par de horas. ¿Qué tal si juegan afuera o en silencio con sus bloques? Luego, cuando acabe, podemos jugar a un juego juntos". De este modo, entienden qué pasa y por qué es importante. Además, tendrán ganas de tener toda tu atención más adelante.

Verás que cuando les hablas razonablemente, suelen escuchar e incluso querer ayudar. Así que la próxima vez que las cosas se pongan agitadas, recuerda que un poco de paciencia y una charla tranquila pueden ayudar mucho. Los niños lo agradecerán, y puede que tú disfrutes de un poco de paz y tranquilidad para terminar tu trabajo. Además, tienes la ventaja añadida de pasar tiempo juntos, divirtiéndote y creando recuerdos.

PARTE 3

Estrategias Para Las Rabietas De Los Niños

Como padres, liberarse del ciclo de la rabia puede ser todo un reto. A menudo nos encontramos sin palabras o inseguros sobre cómo reaccionar durante la rabieta de nuestro hijo. Esto nos lleva a respuestas predeterminadas – como gritar o castigar, reacciones de las que luego nos arrepentimos. Precisamente por eso he creado este libro: para ofrecerte una caja de herramientas con estrategias para convertirte en un padre o una madre más tranquilo(a) y sereno(a).

La forma en que respondes a la rabieta de tu hijo es súper importante, porque los niños recordarán y reflejarán tus reacciones. Piénsalo: ¿queremos que nuestros hijos crezcan sin poder controlar sus emociones, recurriendo a la ira y a los gritos? Por supuesto que no. Todos deseamos criar personas que sepan comunicarse eficazmente y manejar sus emociones de forma saludable.

Piensa en la función del calentamiento en actividades físicas como hacer ejercicio o nadar. El calentamiento prepara los músculos, aumenta la flexibilidad y minimiza el riesgo de lesiones. Del mismo modo, la Fórmula para No Gritar actúa como un calentamiento para nuestras habilidades parentales. Nos prepara para ser flexibles y abordar el enojo de nuestro hijo con calma y con la mentalidad adecuada.

Empecemos a ver a nuestros hijos como individuos jóvenes que necesitan orientación, no solo como alborotadores. Nuestro papel como padres es guiarles para que tomen mejores decisiones, sobre todo en momentos difíciles como los berrinches.

"CUANDO LOS PEQUEÑOS ESTÁN ABRUMADOS POR GRANDES EMOCIONES, NUESTRO TRABAJO ES COMPARTIR NUESTRA CALMA, NO UNIRNOS A SU CAOS".
– L.R. KNOST

@NOYELLINGPARENTINGTOOLBOX

CAPÍTULO 5

RABIETAS EN PÚBLICO

"Cuando los pequeños están abrumados por grandes emociones, nuestro trabajo es compartir nuestra calma, no unirnos a su caos." – L.R. Knost

Has pasado por eso, ¿verdad? Esos momentos inolvidables con tu pequeño -ya sea en un restaurante, en el supermercado, en el parque o en una reunión familiar- en los que, de la nada, decide protagonizar una rabieta digna de un Oscar. Parece como si estuvieras en medio de una película dramática, con todos los ojos puestos en ti mientras haces malabarismos con la compra y un niño gritón. Para cualquier padre, es un escenario de pesadilla.

Antes de ser madre, pensaba que esos estallidos eran solo cosa de películas. Pero entonces llegó mi hijo y me mostró la realidad de la paternidad, con su buena dosis de rabietas en público.

Manejar estos berrinches en público puede ser un verdadero reto. Pueden dejarnos avergonzados, presionados para que cedamos o deseando desaparecer. Sin embargo, por duras que sean, es importante recordar que las rabietas son una parte normal del desarrollo del niño. Suelen deberse a la frustración del niño o a su dificultad para comunicar sus necesidades y sentimientos.

En este capítulo vamos a profundizar en las rabietas en público. Exploraremos por qué ocurren, cómo manejarlas eficazmente y qué hay que tener en cuenta. También compartiré un ejercicio con guion que ilustra un enfoque práctico para manejar estos momentos difíciles. ¡Empecemos!

DESCIFRANDO LAS RABIETAS

Imagínate esto: estás en una tienda bulliciosa y, de repente, tu hijo está en el suelo, pataleando y gritando. ¿Tu primer pensamiento? "Ya estamos otra vez". Pero hagamos una pausa y veámoslo desde otra perspectiva. Esta rabieta no consiste sólo en montar una escena: es como si tu hijo te enviara un S.O.S. en un idioma que aún estás descifrando. Así que, para entender mejor por qué se producen los berrinches, vamos a descifrar algunas de las señales secretas que los niños envían a través de su comportamiento y a discernir el verdadero mensaje que se esconde tras esas lágrimas y gritos. He aquí algunos desencadenantes habituales de las rabietas:

- **Cansancio:** ¿Alguna vez te has sentido tan cansado(a) que podrías llorar? Los niños también lo sienten. Cuando están agotados, una rabieta puede ser su forma de decir: "Necesito una siesta, ¡ahora mismo!". ¿Recuerdas aquella vez en la barbacoa familiar en la que el pequeño Sam perdió la compostura? Puede que se le hubiera pasado la hora de la siesta.

- **Sobrecarga sensorial:** El mundo es un lugar grande y ruidoso, y para los niños pequeños puede resultar abrumador. Las luces brillantes, los ruidos fuertes o simplemente demasiada gente pueden ser demasiado. Piensa en esos viajes de compras en los que el centro comercial está a reventar y, de repente, tu pequeño ya está harto.

- **Hambre:** Todos hemos pasado por eso: ese momento en que tienes tanta hambre que estás al límite. Los niños también sienten esa sensación de "hambre". Esas crisis previas a la cena pueden ser la forma que tiene tu hijo de decir: "¡Me muero de hambre!".

- **Frustración:** Imagínate que intentas amarrarte los cordones de los zapatos, pero tus dedos no cooperan. Eso es un día en la vida de un niño pequeño. Querer hacer algo pero no conseguirlo: es frustrante y puede ser el desencadenante de las lágrimas.

- **Búsqueda de atención:** Los niños necesitan sentirse atendidos y valorados. A veces, un berrinche es su altavoz, diciendo: "¡Eh, estoy aquí y necesito un abrazo!". ¿Recuerdas cuando la pequeña Emma hizo un berrinche en el parque? Puede que solo buscara un poco más de tu tiempo y cariño.

COMPRENDER A TRAVÉS DE LA OBSERVACIÓN

- **Conversaciones silenciosas:** Observa las pequeñas señales: un bostezo que diga "tengo sueño", unas manitas levantadas en señal de frustración o un ceño fruncido desconcertado. Estas señales silenciosas pueden decir mucho.

- **Onda emocional:** Recuerda que los niños se mueven en una montaña rusa de sentimientos, pero aún están aprendiendo a manejarlos. Sus emociones son rápidas y profundas, y necesitan nuestra ayuda para atravesarlas.

- **Detectives de la crianza:** Observa a tu hijo e identifica qué desencadena las rabietas. ¿El caos de un lugar abarrotado de gente les hace estallar? ¿Perderse una siesta provoca los berrinches? Reúne pistas para resolver el misterio de sus arrebatos.

- **La empatía es la clave:** A veces, basta con un amable: "Veo que estás enfadado. Vamos a resolverlo juntos". Es casi como un hechizo secreto que transforma una crisis en un momento de conexión y aprendizaje, enseñándoles sobre sus emociones y cómo expresarlas.

Es esencial mostrar a los niños que las rabietas no les conseguirán lo que quieren. En lugar de eso, anímales a expresar sus sentimientos de forma constructiva. A partir de los 3 años, empieza a enseñarles a identificar y nombrar sus emociones. Por ejemplo, "Veo que estás enfadado por tener que comer verduras, pero son importantes para que estés sano y fuerte", les ayuda a etiquetar sus sentimientos y a aprender a manejarlos. Pero incluso antes de los 3 años, nombrar las emociones de un niño puede ayudarle a sentirse visto y comprendido.

A medida que los niños crecen, sobre todo en los años de escuela, es probable que notes una disminución de las rabietas. Esto se debe a que están aprendiendo formas más eficaces de comunicarse y resolver conflictos. Sin embargo, prepárate para un posible resurgimiento durante los tumultuosos años de la adolescencia. Las complejidades de las emociones adolescentes pueden reavivar comportamientos similares a las rabietas. Enseñarles tempranamente habilidades de gestión emocional puede ser muy valioso para navegar por estos años difíciles.

En resumen, gestionar las rabietas implica comprender las señales que no se dicen y guiar a tu hijo en su crecimiento emocional. Se trata de ayudarles a convertirse en individuos emocionalmente inteligentes, capaces de manejar sus sentimientos de forma saludable.

QUÉ HACER DURANTE UNA RABIETA

Manejar un berrinche de un niño puede parecer como navegar en una tormenta: es caótico y abrumador. Recuerda que las rabietas forman parte del viaje de autodescubrimiento de tu hijo, y que tu respuesta puede marcar la diferencia.

1. Mantén la calma

Lo entiendo: mantenerse tranquilo durante una rabieta es más fácil decirlo que hacerlo. Tus emociones y tu tensión son casi tan fuertes como las de tu hijo, y conservar la calma puede parecerte imposible. Te comprendo, pero te doy un consejo: respira hondo. Cuenta hasta cinco o diez, lo que haga falta para darte un momento a ti mismo(a). Esta pequeña pausa te ayuda a recuperar la compostura y a abordar la situación de forma más racional. Recuérdate a ti mismo(a): "Yo puedo manejar esto", para aumentar tu confianza y tu calma.

2. Contacto visual (No mires al niño con enojo)

Enfrentarse a tu pequeño en pleno modo travieso puede ser duro. Puede que no te apetezca establecer contacto visual cuando está poniendo a prueba tu paciencia, pero recuerda que tú eres el adulto en la habitación. Tu reacción marca la pauta.

Probablemente quieras mostrar lo enfadado que estás y puede que sientas la tentación de disparar un rayo láser desde tus ojos para que tu hijo sienta la ira. Pero hagamos una pausa. No es así como queremos navegar por estas aguas. En lugar de eso, opta por un contacto visual tranquilo y amable. Ningún indicio de enfado, solo una mirada suave y comprensiva. Tu hijo no debe sentirse intimidado por mamá o papá. Necesita ver que te diriges a sus acciones, no que les atacas personalmente. Deja que tus ojos hablen con amor, guiándoles para que comprendan en qué se han equivocado.

3. Da un abrazo

Nunca subestimes el poder de un abrazo. Igual que un abrazo cálido puede rebajar la tensión entre adultos, también puede hacer maravillas con tu hijo. Ofrecer un abrazo durante una rabieta no es ceder; es proporcionar consuelo. Es un mensaje silencioso de que están a salvo y son queridos, aliviando su confusión emocional. Así que, la próxima vez que tu hijo esté en medio de una pataleta, no dudes en ofrecerle un agradable y cálido abrazo.

4. Cambia el escenario

A veces, todo lo que necesitas es un cambio de aires para pulsar el botón de reinicio en una situación tensa. Si la raíz de la rabieta está en el fondo, entrar en un espacio nuevo puede marcar la diferencia. Cuando cambies de ambiente, haz que tu hijo se distraiga: señálale algo interesante o inicia una conversación ligera. Esto les ayudará a ambos a liberarse de las garras de la rabieta.

5. No te preocupes por los demás

En público, es fácil preocuparse por lo que piensen los demás, pero tu atención debe centrarse exclusivamente en tu hijo. Las rabietas son una parte normal del desarrollo infantil. Recuerda que todos los padres han pasado por lo mismo. Es probable que la mayoría de los espectadores sientan empatía en lugar de juzgar.

Cuando te encuentres ante una rabieta en público, deja de preocuparte por lo que puedan pensar los demás y canaliza tu energía en ayudar a tu hijo a manejar sus emociones. Tu principal objetivo es guiar y apoyar a tu hijo en este momento de aprendizaje.

🎯 Un reto para los padres

A continuación te presento un escenario habitual para ayudarte a practicar la Fórmula para No Gritar. Intenta imaginarte a ti mismo(a) en cada situación.

He dado dos reacciones: la respuesta típica y un enfoque más deseable y consciente.

Escenario: Estás en el supermercado con Jamie, tu hija de 4 años. Ve una barrita de chocolate en la caja y te la pide. Te niegas, y ella empieza a llorar en voz alta, llamando la atención.

✓ **Respuesta típica:**

Padre/madre (frustrado/a): "¿Por qué nunca te portas bien? Se acabaron los viajes al supermercado si sigues llorando!"

- Jamie (llorando): "¡Pero si lo quiero! Lo quiero!"

- Padre/madre: "Se acabó, nos vamos. Estarás en problemas cuando lleguemos a casa".

Resultado: Esta reacción solo agrava la situación. El progenitor se siente avergonzado y enfadado, mientras que Jamie se siente incomprendida y menospreciada. Es una situación en la que ambos pierden, y que deja tanto al padre como al hijo disgustados y desconectados.

☺ **Respuesta consciente mejorada:** Apliquemos la Fórmula de No-Gritar.

Paso 1: Habla sobre el problema.

Empieza con frases de observación como "me he dado cuenta", "veo" o "comprendo".

- Padre/madre (con calma): "Jamie, **me he dado cuenta** de que a menudo pides dulces cuando estamos en la tienda".

- Jamie (llorando): "¡Es porque de verdad, de verdad quiero ese caramelo!"

Paso 2: Explícale qué hacer la próxima vez.

Indica el comportamiento esperado y da una instrucción clara.

- Padre/madre: "Lo entiendo, pero no podemos tener una rabieta cada vez que mamá diga que no, sobre todo en la caja. **La próxima vez, intentemos esto**: pídemelo amablemente antes de llegar a la caja, y hablaremos de si está bien o no".

- Jamie: (sorbiendo y secándose las lágrimas): " Bueno, pero ¿puedo tenerlo ahora?".

Paso 3: Discute las consecuencias.

Indica qué ocurrirá si se repite el comportamiento.

- Padre: "No, cariño, esta vez no. Y recuerda, si esto vuelve a ocurrir, tendremos que saltarnos nuestra actividad divertida después de ir de compras. No es un castigo; se trata de aprender a tomar buenas decisiones".

- Jamie: "De acuerdo. Intentaré hacerlo mejor".

Paso 4: Confirma que lo haya comprendido

Pide al niño que repita lo que le has dicho.

- Padre/madre: "Estupendo, Jamie. ¿Puedes repetir nuestro acuerdo?"
- Jamie: "Pedir dulces amablemente, o nos perdemos actividades divertidas."
- Padre/madre: "Exacto, Jamie. Me alegro de que lo entiendas".

Resultado: La situación se resuelve con menos tensión. Jamie se siente escuchada y aprende la importancia de discutir con calma. Se aplica eficazmente la Fórmula de No Gritar.

Tanto si estás en un parque, en una tienda, en una reunión familiar o en cualquier otro sitio, recuerda la forma tranquila de afrontar las rabietas utilizando la Fórmula para No Gritar. Y si las cosas no salen exactamente como en esta conversación pautada, mantén la calma e intenta no estresarte. Puede que necesites practicar un poco. Puede que tu hijo no siempre te siga la corriente tan fácilmente, pero al cabo de un tiempo, él también empezará a adoptar un enfoque más tranquilo y se sentirá reconfortado al saber que controlas la situación. Los berrinches forman parte del desarrollo emocional de los niños, y nuestra orientación es crucial en esos momentos.

Entrenamiento de reacción

Escenario 1: Rebelión en el restaurante

Durante una cena familiar en un restaurante, Aiden, de 5 años, se niega a permanecer en su asiento, levantándose continuamente y molestando a los demás comensales.

Tu reacción típica:

- Susurrarle severamente a Aiden que se siente.
- Sentir vergüenza y decirle a Aiden que está arruinando la cena.
- Amenazar con quitarle el postre o su juguete favorito como consecuencia.

Ahora, transformemos este escenario, aplicando la Fórmula para No Gritar con una respuesta consciente en 4 pasos.

1. **Habla sobre el problema-** Lleva a Aiden a un rincón tranquilo y explícale suavemente: "Observo que tienes problemas para permanecer sentado. Cuando dejas tu silla y te mueves por el restaurante, no es seguro y molesta a otras personas que también intentan disfrutar de sus comidas."

2. **Explícales qué hacer la próxima vez-** "En los restaurantes, necesitamos permanecer en nuestros asientos. Muestra respeto a los demás comensales y al personal que trabaja aquí. Practiquemos el sentarnos juntos y disfrutar de nuestra comida como las personas que nos rodean".

3. **Discute las consecuencias -** "Sé que sentarse puede ser difícil, pero aquí es importante. Si no puedes permanecer sentado, tendremos que salir hasta que estés dispuesto a

comportarte, o puede que hoy no haya postre. Se trata de seguir las reglas para que todos puedan disfrutar de la comida".

4. **Confirma que lo haya comprendido**

    - Padre/madre: "Dime, ¿qué hacemos cuando comemos fuera?".
    - Aiden: "Necesito quedarme en mi silla y no correr de un lado para otro".
    - Padre/madre: "Así es, Aiden. Sé que puedes hacerlo. Gracias por entenderlo".

Escenario 2: Volumen alto en la biblioteca

Ahora te toca a ti. Lee esta situación y piensa en tu respuesta típica. Después, intenta formular una respuesta más consciente utilizando la Fórmula para No Gritar.

Mientras está en una biblioteca, Mia, de 2 años, empieza a llorar a mares porque no puede llevarse a casa todos los libros que quiere sacar.

Tu reacción típica:

_____

_____

_____

Tu reacción deseada aplicando la Fórmula para No Gritar, utilizando una Respuesta Consciente en 4 Pasos:

"DISCIPLINA ES AYUDAR A UN NIÑO A RESOLVER UN PROBLEMA. CASTIGAR ES HACER SUFRIR A UN NIÑO POR TENER UN PROBLEMA. PARA CRIAR NIÑOS QUE RESUELVAN PROBLEMAS, CÉNTRATE EN LAS SOLUCIONES, NO EN EL CASTIGO".
– L.R. KNOST

@NOYELLINGPARENTINGTOOLBOX

CAPÍTULO 6

NEGARSE A COOPERAR

"Disciplina es ayudar a un niño a resolver un problema. Castigar es hacer sufrir a un niño por tener un problema. Para criar niños que resuelvan problemas, céntrate en las soluciones, no en el castigo."– L.R. Knost

Los viajes familiares por carretera pueden ser a la vez divertidos y difíciles, sobre todo con niños. Imagínate esto: estáis listos para una emocionante aventura, el coche lleno de aperitivos y emoción, pero justo antes de salir a la carretera, tu hijo de 6 años se niega a abrocharse el cinturón. Frustrante, ¿verdad?

Pues bien, en este capítulo nos sumergimos en el mundo de tratar con niños que no quieren cooperar. Es como un giro en la trama de tu aventura familiar. Pero no te preocupes, descubriremos los secretos para convertir estos momentos difíciles en oportunidades de crecimiento y conexión. Así que abróchate el cinturón tú mismo, ¡y empecemos este viaje!

En primer lugar, evaluemos tu planteamiento actual para hacer frente a la negativa de tu hijo a cooperar. En una escala del 1 al 5, siendo 5 lo más frecuente, califícate a ti mismo(a) en las siguientes afirmaciones:

1. A menudo me encuentro en luchas de poder con mi hijo.
2. Suelo decirle "no" con frecuencia.
3. Creo que ofrecerle opciones puede ser una forma eficaz de manejar la negativa a cooperar.

Al revisar tus puntuaciones: Las puntuaciones altas en las luchas de poder o las respuestas frecuentes "no" sugieren que se necesitan nuevas estrategias para reducir los conflictos. Las puntuaciones altas en ofrecer opciones reflejan un enfoque positivo para animarse a cooperar. Reflexiona y haz los ajustes necesarios para que las interacciones sean más fluidas.

LUCHAS DE PODER

Las luchas de poder son discusiones que tienes con tus hijos cuando ambos quieren cosas distintas. Imagina que le dices a tu hijo que limpie su habitación, y sigue diciendo "No". Le dices: "Tienes que hacerlo ahora", pero sigue negándose. Se trata de una lucha de poder: los dos intentan ser el jefe.

Otra vez: le dices a tu hijo que apague la tele y haga su tarea. Él quiere seguir viéndola, así que puede empezar a discutir o incluso a montar un berrinche. Cuanto más les presionas, más te responden, lo que provoca frustración en todos los implicados.

En esos momentos, puede parecer que tu hijo intenta ver hasta dónde puede llegar. Puedes pensar que necesitas ser más estricto(a) para demostrar que eres el jefe. Pero esto puede hacer que tu hijo comporte peor. Las luchas de poder forman parte de ser una familia. Ocurren porque tú y tu hijo tienen ideas diferentes sobre lo que debe ocurrir. Recuerda que no se trata solo de obligar a tu hijo a hacer lo que tú digas. Se trata de entender por qué puede no querer hacerlo, ayudarle a entender por qué tú quieres que lo haga y encontrar una forma de solucionarlo juntos.

He aquí cómo manejar inteligentemente las luchas de poder:

Regla #1 - Evita las luchas de poder cuando sea posible: No te enfrasques en una pelea por cualquier asunto sin importancia. Si no es para tanto, déjalo pasar.

- Ejemplo: Si tu hijo quiere llevar una ropa que no combina, quizá no merezca la pena discutir por ello. Es una forma inofensiva de expresarse.

Regla #2 - Gana las luchas de poder sabiamente: A veces, a pesar de tus esfuerzos, te encontrarás en una lucha de poder con tu hijo. Cuando esto ocurra, recuerda mantener la calma y ayudar a tu hijo a pensar en una buena opción.

- Ejemplo: Tu hijo se niega a limpiar su habitación. En lugar de perder los nervios, respira hondo e intenta un enfoque diferente. Ofrécele opciones como: "¿Quieres limpiar tu cuarto ahora y tener tiempo extra de juego más tarde, o primero jugar 15 minutos y limpiar después?". Este enfoque fomenta el comportamiento positivo, la paciencia y la toma de decisiones.

Regla #3 – Escoge tus batallas: Enfócate en las cuestiones importantes que debes controlar. Así evitarás discusiones innecesarias y te centrarás en lo que realmente importa.

- Ejemplo: Si tu hijo adolescente quiere pintarse el pelo, plantéate si es una batalla que merezca la pena tener. Si se trata solo de un color de pelo y no es prejudicial, puedes dejar que tome esa decisión. Sin embargo, si se trata de algo que afecta a su salud o seguridad, como no llevar puesto el cinturón de seguridad, esa sí es una batalla que vale la pena librar.

DOS BUENAS OPCIONES

Una estrategia parental sencilla pero eficaz para reducir las luchas de poder consiste en evitar que tu hijo recurra sistemáticamente al "No". La estrategia es sencilla: no hagas preguntas que puedan responderse con un simple "SÍ" o "NO". Esta técnica consiste en dar dos opciones aceptables, permitiendo que tu hijo escoja.

Para que esta estrategia funcione, modifica la forma de formular tus peticiones. En lugar de órdenes que puedan provocar un "No", dale dos opciones que conduzcan al resultado que deseas. He aquí cómo podrías hacerlo en lenguaje cotidiano:

- Participar: En lugar de "¿Vienes o no?", prueba con "¿Quieres llevar tus zapatos rojos o los azules cuando salgamos?".

- Escuchar: En lugar de "¿Puedes, por favor, prestarme atención cuando estoy hablando?" di "¿Quieres que hablemos de esto ahora o dentro de cinco minutos, cuando hayas terminado tu juego?"

- Hora de la merienda: En vez de "¿Puedes devolver el bocadillo al estante?" pregunta "¿Quieres ayudarme a devolverlo a su sitio o a elegir lo que vamos a tener de merienda mañana?"

- Ayuda con la lavandería: En lugar de "Por favor, ayúdame a poner la ropa en el cesto de la ropa sucia", di "¿Quieres tirar la ropa al cesto como un jugador de baloncesto o llevarla como un fortachón?"

- Hora de hacer la tarea: En vez de decir simplemente "Haz la tarea", prueba con "¿Qué es primero hoy: matemáticas o lectura?"

- Teléfono en la mesa: En lugar de "¿Puedes dejar de usar el teléfono cuando estás en la mesa?", ofrece "¿Quieres revisar el teléfono rápidamente antes de comer o esperar a que acabemos?"

Poniéndolo en Práctica

Después de dejar de darle órdenes directas, el siguiente paso consiste en animar a tu hijo con opciones que le animen a cooperar sin necesidad de explicarle las razones extensamente, regañarle, negociar o repetirte a ti mismo(a). Cuando hayas captado la atención de tu hijo, preséntale dos opciones atractivas. Esto les capacita para tomar decisiones dentro de unos límites con los que se sientan cómodos. Recuerda que la sencillez y la claridad son fundamentales para asegurarte de que lo entienden y lo cumplen.

Para los niños más pequeños, las opciones deben ser sencillas y estar directamente relacionadas con su mundo inmediato:

- "¿Quieres pizza o macarrones con queso para comer?"
- "¿Prefieres jugar en el parque o visitar la biblioteca hoy?"
- "Después de comer, ¿qué te parece ver una película o ir al parque?"

- "¿Qué prefieres para hoy: Shorts blancos o pantalones de mezclilla?"

Para los niños mayores, las opciones pueden implicar decisiones y consecuencias más complejas:

- "Conseguir un teléfono nuevo podría ser tu regalo de cumpleaños, o si lo prefieres antes, podrías cubrir la mitad del costo con tus ahorros. También podríamos pensar en una venta de garaje o un puesto de limonada para ayudar con los gastos."

- "Para la limpieza de tu habitación, ¿te gustaría encargarte tú mismo, o utilizar los $50 de tu mesada para contratar un servicio de limpieza?".

Si planteas tu orientación de este modo, no solo evitarás posibles reacciones negativas, sino que también fomentarás la capacidad de tu hijo para tomar decisiones meditadas y asumir la responsabilidad de sus elecciones.

Pongamos a prueba tus conocimientos sobre la estrategia de las "Dos buenas opciones". Responde a las siguientes preguntas para ver hasta qué punto entiendes este enfoque:

1. ¿Cuál es la meta principal de ofrecer dos buenas opciones a tu hijo?

    a) Para micro-gestionar sus decisiones
    b) Fomentar la independencia y la toma de decisiones
    c) Limitar sus opciones
    d) Evitar dar opciones

2. Al aplicar esta estrategia, ¿qué debes evitar hacer?

    a) Ofrecer instrucciones claras

b) Explicar las razones de las elecciones

c) Insistir y negociar

d) Repetirte a ti mismo(a)

e) b, c, d

3. ¿Puedes dar un ejemplo de cómo ofrecer dos buenas opciones a un niño mayor? (Responde en el espacio de abajo)

Las respuestas correctas son 1) b, y 2) e. Recuerda, la meta no es micro-gestionar todos los aspectos de la vida de tu hijo, sino dotarle de los valores y habilidades necesarios para que prospere de forma independiente.

CÓMO LOGRAR QUE TUS HIJOS TE ESCUCHEN

Como padres, a menudo decimos mucho "No", pero ¿qué pasaría si cambiáramos nuestro enfoque de lo que está mal a lo que está bien? La palabra "no" tiende a resaltar el problema, no la solución. Y admitámoslo, después de oír "No" mil veces, empieza a perder su impacto en los niños. Incluso pueden empezar a desconectarse.

¿Por qué no intentar ser más positivo? Este sencillo cambio puede animar el ambiente en casa. El truco consiste en decir "Sí" más a menudo, redirigiendo las peticiones de forma positiva sin perder de vista tus metas como padre/madre.

Transformando el "No" en "Sí":

Antes de decir "No", haz una pausa y piensa cómo puedes convertirlo en un "Sí". He aquí algunos ejemplos:

- En lugar de "No, no puedes tener pizza esta noche", di "Sí, ¡hagamos planes para comer pizza mañana por la noche!".
- Sustituye "No, hoy no puedes ir a casa de Kevin" por "Sí, puedes visitar a Kevin este fin de semana".
- Cambia "No, no puedes jugar a videojuegos ahora" por "Sí, puedes tener un rato de videojuegos este fin de semana después de hacer las tareas".

Cuando tus hijos se den cuenta de lo que está pasando, puede que intenten presionar para obtener una gratificación inmediata. Si dicen: "Pero lo quiero ahora", repite tranquilamente tu "Sí". Entablar un debate es contraproducente. Apégate a tu enfoque positivo y verás un cambio en poco tiempo.

Aquí tienes más enfoques positivos:

- Escenario del parque: En lugar de: "¡Basta de quejas! Súbete al carrito!", prueba con "¡Planifiquemos nuestra próxima visita divertida al parque!".
- Modales a la hora de comer: Si tu hijo tira la comida, en vez de "Prohibido tirar la comida", pregúntale: "¿Has terminado de comer?" y retira la comida.
- Lectura antes de dormir: Para pedir más cuentos antes de dormir, en vez de "No más libros esta noche", ofrece: "¡Leeremos este libro mañana a primera hora!".
- Padre/madre ocupado/a: Si tu hijo(a) quiere que le levantes mientras estás ocupado(a), en lugar de "No, ahora no puedo", di: "Te cargaré en cuanto termine esta tarea".

🎯 Reto para los padres

Escenario: Son las 7 de la mañana de un lunes, y tu hijo de 7 años, Alex, sigue en pijama, entreteniéndose con sus juguetes. A pesar de que le has recordado varias veces que tiene que vestirse para ir a la escuela, sigue inmóvil.

✓ **Respuesta típica:**

- Padre/madre (frustrado/a): "Alex, ¿cuántas veces tengo que decirte que te vistas?"
- Alex: "Pero es que hoy no quiero ir a la escuela".
- Padre (levantando la voz): "¡Date prisa o irás a la escuela en pijama!".
- Alex (molesto): "¡¡Tú siempre me gritas!!"

Resultado: Ya sabemos lo que ocurrirá después de esto. La situación se agrava y el padre/madre y el niño empiezan el día de mal humor. Mientras Alex se siente incomprendido y presionado, el padre/madre echa humo de rabia y frustración.

☺ **Respuesta Consciente Mejorada:** Aplica la Fórmula para No Gritar.

Paso 1: Habla sobre el problema

- Padre/madre: "**Me he dado cuenta** de que todavía no estás listo para ir a la escuela. Es importante que sigas nuestro horario matutino para no llegar tarde".
- Ale: "Yo solo quería jugar más".

Paso 2: Explícale qué hacer la próxima vez

- Padre/madre: "Jugar está bien, pero hagamos un plan. Arréglate, vístete y luego come el desayuno. Si eres rápido, puedes jugar un poco antes de irnos. ¿Te parece bien?"

- Alex: "Bueno, lo intentaré".

Paso 3: Discute las consecuencias

- Padre/madre: "Recuerda, si mañana no estás listo a tiempo, tendremos que saltarnos el tiempo de juego de la mañana, y los juguetes se quedarán fuera hasta después de la escuela. No queremos que te pierdas nada en la escuela".

- Alex: "No, no quiero perdérmelo".

Paso 4: Confirma que lo haya comprendido

- Padre/madre: "¿Puedes resumir nuestro plan para la mañana?"

- Alex: "Tengo que prepararme para ir a la escuela, luego puedo jugar un rato. Si no llego a tiempo, nada de jugar, y los juguetes están fuera hasta después de la escuela. No debería llegar tarde".

- Padre: "Exacto, Alex. Me alegro de que lo entiendas".

Resultado: Este enfoque aborda el problema con calma, proporcionando una motivación positiva y expectativas claras, lo que conduce a un resultado de cooperación y constructivo.

Entrenamiento de reacción

Escenario 1: Retrasos en la rutina matutina

Lucas, de siete años, tarda constantemente en vestirse por la mañana, lo que a menudo le lleva a tener prisa para prepararse para ir a la escuela.

✓ **Tu reacción típica:**

- Recordatorios constantes para que Lucas se vista mientras preparas el desayuno.
- Frustración creciente, levantando la voz: "¡Otra vez vas a llegar tarde!".
- Finalmente, le apuras para que se vista rápidamente y evites que llegue tarde.

☺ **Tu reacción ideal** aplicando el Método de No Gritar con una respuesta consciente en 4 pasos:

1. **Habla sobre el problema-** "Lucas, **me he dado cuenta** de que a menudo llegamos tarde por las mañanas porque vestirte lleva mucho tiempo. Necesitamos solucionar esto."

2. **Explícales qué hacer la próxima vez- "La próxima vez,** vístete en cuanto te despiertes. Así las mañanas serán más fáciles."

3. **Discute las consecuencias -** Si vestirse sigue llevando demasiado tiempo, tendremos que saltarnos tus caricaturas

de la mañana. ¡Vestirse rápido significa más tiempo de diversión!"

4. **Confirma que lo haya comprendido**

   – Padre/madre: "¿Cuál es nuestro nuevo plan matutino, y qué pasa si vestirse lleva demasiado tiempo?"
   – Lucas: "Me vestiré en cuanto me despierte. Si tardo demasiado, podría perderme mi tiempo de caricaturas".
   – Padre/madre: "Bien. Mejoremos juntos nuestras mañanas. ¡Gracias, Lucas!"

Escenario 2: Negarse a limpiar

Ahora es tu turno. Considera la siguiente escena y piensa en tu reacción típica, luego imagina una respuesta más consciente, siguiendo la Fórmula para No Gritar.

Después de jugar con sus juguetes, Ava, de 6 años, se niega a guardarlos, incluso después de que se lo pidan varias veces.

Tu reacción típica:

_____

_____

_____

Tu reacción ideal utilizando la Fórmula para No Gritar con una Respuesta Consciente en 4 Pasos:

"CUANDO SIENTAS QUE AUMENTA EL ENOJO, RECUÉRDATE A TI MISMO QUE LA PAZ ES UNA ELECCIÓN, Y PREGÚNTATE SI ESTE MOMENTO DE IRA MERECE REALMENTE LA PENA PARA SACRIFICAR TU PAZ". - ANÓNIMO

@NOYELLINGPARENTINGTOOLBOX

CAPÍTULO 7

IGNORAR LAS INSTRUCCIONES

"Cuando sientas que aumenta el enojo, recuérdate a ti mismo que la paz es una elección, y pregúntate si este momento de ira merece realmente la pena para sacrificar tu paz."– Anónimo

Imagina que entras en tu sala de estar y ves los zapatos de la escuela de tu hijo tirados por el suelo mientras juega con sus videojuegos. Le pides que guarde los zapatos, pero no te hace caso.

Le repites lo mismo, pero sigue sin responder. Antes de que te des cuenta de lo que ha pasado, te encuentras enfadado(a) y gritando.

¿Te ha pasado algo parecido? Todos sabemos lo frustrante que puede ser que los niños hagan caso omiso de nuestras instrucciones, incluso después de habérselo repetido varias veces. Aunque empecemos tranquilos, la impaciencia se apodera de nosotros y, al final, nos encontramos gritando con la esperanza de que nos escuchen. Eso no es productivo para nadie.

Este capítulo tiene como objetivo abordar situaciones habituales en las que se ignoran las instrucciones de los padres, a pesar de intentar comunicarse con calma. La meta es alejarse de la frustración de las instrucciones ignoradas y llegar a un entendimiento mutuo de que, cuando des instrucciones, tu hijo las siga.

POR QUÉ LOS NIÑOS NO ESCUCHAN

¿Alguna vez le has pedido a tu hijo que haga algo y has obtenido... silencio? Los padres pueden sentirse invisibles a veces. Pero hay algo más que el hecho de que los niños sean niños. En esta sección, profundizaremos en las razones por las que a veces nuestras palabras parecen desaparecer en el vacío. A menudo, te enfrentas al creciente deseo de independencia de tus hijos, a su sensación de agobio por recibir demasiadas instrucciones y a su forma de vivir el momento. Además, la forma en que nos comunicamos con ellos marca la diferencia. Si comprendemos estos factores, podemos transformar los momentos de silencio en oportunidades para una conexión y un crecimiento más profundos. Ahondemos ahora en las razones de este comportamiento.

1. La búsqueda de la independencia

Por qué sucede:

A menudo, los niños ignoran las instrucciones como forma de afirmar su independencia. No solo están siendo difíciles; están aprendiendo a tomar sus propias decisiones, una habilidad crucial para su desarrollo.

Consejo práctico:

Ayúdales a sentir que están al mando de algunas de sus elecciones. Cuando necesites que hagan algo, dales opciones. Por ejemplo, a la hora de acostarse, en vez de decirles simplemente "Ve a lavarte los dientes", pregúntales: "¿Qué quieres hacer primero, lavarte los dientes o ponerte el pijama?". De este modo, deciden algo por sí mismos y consigues que hagan lo que necesitan.

2. Sobrecarga de instrucciones

Por qué sucede:

Los niños pueden sentirse abrumados por demasiadas instrucciones. Sus cerebros aún se están desarrollando y procesar una lista de tareas puede ser todo un reto. Cuando ignoran las instrucciones, puede ser porque no saben por dónde empezar o qué priorizar.

Consejo práctico:

Simplifica las tareas y las instrucciones. Divide las tareas en pasos más pequeños y manejables. Por ejemplo, en vez de decir: "Limpia tu habitación", puedes decir: "Empecemos por guardar los juguetes en el juguetero", para que la tarea sea más manejable.

3. El factor "ahora"

Por qué sucede:

Los niños viven en el "ahora". Si no ven por qué deben hacer algo en este momento, puede que no les parezca importante. Decirles que limpien su habitación porque vienen invitados la semana que viene es como hablarles de las Navidades del año que viene. Está demasiado lejos para que les importe.

Consejo práctico:

Vincula las instrucciones a resultados inmediatos y relacionados. En lugar de pregonar beneficios abstractos diciendo: "Haz tus tareas para que te vaya bien en la escuela", prueba con: "Termina tus tareas ahora para tener más tiempo de juego después".

4. ¿Estamos hablando su mismo lenguaje?

Por qué sucede:

A veces, la forma en que hablamos a nuestros hijos bien podría ser marciana. Si somos demasiado complicados, demasiado serios o demasiado "sermoneadores", los perdemos. Necesitamos ponernos a su nivel, hacerlo divertido o, al menos, comprensible.

Consejo práctico:

Utiliza instrucciones sencillas, de uno o dos pasos, y convierte la tarea en un reto que les divierta. Por ejemplo, si dices: "Me pregunto cuánto tardarás en guardar el tren", harás que parezca un juego divertido. Este enfoque les motiva más eficazmente, ya que relaciona la tarea con algo que les importa e introduce un elemento de juego. Quién sabe, quizá consigamos que nos hagan caso e incluso que disfruten con ello.

COMUNICACIÓN EFECTIVA

Una comunicación clara es esencial cuando interactúas con tus hijos. Veamos una situación habitual relacionada con ver la televisión para subrayar la importancia de la claridad.

- **Escenario original:**

   - Niño(a): "Mamá/Papá, ¿puedo ver la tele, por favor?"

   - Padre/madre: "Claro que puedes, pero asegúrate de que no esté demasiado alto el volumen".

   - El niño sube el volumen, lo que provoca repetidas peticiones del padre para que lo baje, que son ignoradas, lo que culmina en frustración y en el apagado del televisor.

Problema: La instrucción "mantenlo bajito" carece de especificidad, lo que dificulta que el niño la siga.

Solución: Usa instrucciones concretas y específicas y establece consecuencias claras e inmediatas en caso de incumplimiento.

- **Escenario revisado:**

   - Niño(a): "Mamá/Papá, ¿puedo ver la tele, por favor?"

   - Padre/madre: "Claro, pero el volumen necesita mantenerse en el nivel 15. Si sube de ahí, tendremos un recordatorio rápido. Si vuelve a ocurrir, apagaremos la tele el resto del día. ¿Trato hecho?"

El niño acepta y al principio mantiene el volumen al nivel acordado. Al cabo de un rato, el volumen aumenta por encima del límite establecido.

- Padre/madre: "Me he dado cuenta de que el volumen es más alto de lo que habíamos acordado. Bajémoslo a 15, por favor".

El niño baja el volumen, pero luego vuelve a subirlo.

- Padre/madre: "Teníamos un acuerdo sobre el volumen. Como ha vuelto a subir, necesitamos cumplir las consecuencias. Es hora de apagar la tele por hoy".

Este enfoque no solo establece una expectativa clara, sino que también involucra al niño en el acuerdo, haciéndole más responsable. Al establecer consecuencias inmediatas y cumplirlas, el niño aprende la importancia de respetar los acuerdos, y mejora el cumplimiento y la comunicación.

Más ejemplos de instrucciones vagas vs. instrucciones claras:

- Vaga: "Puedes jugar un rato a los videojuegos".
- Clara: "Tienes 30 minutos para jugar a tu videojuego. Cuando suene el cronómetro de la cocina, será hora de apagarlo y empezar a hacer tus tareas".

- Vaga: "La cena estará lista pronto".
- Claro: "La cena es a las 7 p.m. Por favor, lávate las manos y ven a la mesa para entonces".

- Vaga: "Vamos a ver una película más tarde".
- Clara: "Vamos a ir al cine a ver la última película de Spiderman a las 3 p.m.. Por favor, prepárate para irnos después de comer".

La **consistencia** es crucial. Respeta los plazos y las reglas que establezcas. Por ejemplo, si das una hora para los videojuegos, respeta ese tiempo. También pueden ser útiles los recordatorios cronometrados, como avisar con 5 minutos de anticipación antes de pasar a la siguiente actividad.

Si das instrucciones claras de forma consistente, no solo reducirás los malentendidos, sino que también generarás confianza y enseñarás a tus hijos la importancia de la fiabilidad y la estructura.

¿NECESITAS MILLAS EXTRA?

Tomar medidas inmediatas no significa que tengas que caer en un ciclo de regañar, suplicar o repetirte a ti mismo. Si el volumen del televisor no se baja tras tu petición, apágalo. Si la comida se alarga demasiado y pone en peligro los planes, explícale con calma que por hoy se ha perdido la oportunidad, pero que siempre hay una próxima vez.

Espera algo de resistencia cuando hagas cumplir las reglas.

- **Mantén la calma:** Respirar hondo ayuda mucho. Las rabietas son temporales. Tu respuesta calmada enseña valiosas lecciones sobre el manejo de las emociones.

- **Anticipa resistencia:** Es natural que los niños empujen los límites. Es su forma de aprender. Si te mantienes firme en las consecuencias, demuestras la seriedad de tus expectativas.

- **Evita gritar:** Gritar puede ser nuestra primera reacción cuando nos sentimos frustrados, pero a menudo hace que los niños se desconecten o se pongan a la defensiva, lo que hace menos probable que escuchen o sigan las instrucciones con prontitud. Un tono tranquilo combinado con una orientación directa hace maravillas. Ayuda a los niños a comprender mejor lo que se espera de ellos, aumentando las probabilidades de que respondan positivamente la primera vez que se lo pidas. Este método no solo fomenta el respeto, sino que también promueve una interacción más armoniosa, sentando las bases de una comunicación eficaz y un entendimiento mutuo.

Con la aplicación consistente de este enfoque, tu hijo irá comprendiendo gradualmente la relación entre acciones y consecuencias. Normalmente, en un par de semanas empezarás a notar un cambio positivo en su comportamiento. En la mayoría de los casos, empezará a seguir las instrucciones con más facilidad, reconociendo que te comprometes a hacer cumplir las normas que has establecido. Este cambio no se produce de la noche a la mañana, pero con paciencia y perseverancia, verás que tus esfuerzos por comunicarte eficazmente y mantener la calma están marcando realmente la diferencia.

Retos de la paternidad

Tratar con niños que ignoran las instrucciones es una fuente habitual de frustración. Veamos un ejemplo para comparar formas ineficaces y eficaces de gestionar estas situaciones.

Escenario: Un padre pide a su hijo de 7 años, Jake, que guarde su consola de videojuegos y se prepare para irse a dormir. Jake sigue jugando, ignorando las instrucciones.

✓ Respuesta típica:

- Padre/madre: "Jake, guarda esa videoconsola y prepárate para ir a la cama". Jake hace caso omiso y sigue jugando.
- Padre/madre (en voz alta): "¡Jake! ¿Por qué nunca me haces caso? Deja de ignorarme!"
- Jake (a la defensiva): "¡ Ya te oí! Solo quiero terminar este juego".

Resultado: La situación se agrava, la comunicación se rompe y ambas partes se sienten frustradas.

☺ **Respuesta Consciente Mejorada:** Aplica la Fórmula para No Gritar.

Paso 1: Habla sobre el problema

- Padre/madre: "**Me he dado cuenta** de que no me contestas, sino que sigues jugando después de que te haya pedido que guardes la videoconsola y te prepares para irte a dormir."

- Jake: "Yo solo quería terminar este juego".

Paso 2: Explícale qué hacer la próxima vez

- Padre/madre: "Veo que te gusta mucho tu juego, y eso está muy bien. **Pero para la próxima vez**, necesito que sigas nuestra rutina para acostarte, ¿entendido? Esto es lo que espero: cuando sea la hora, apagas el juego, te vas a tu habitación, te lavas los dientes, te lavas la cara y te pones el pijama. ¿Puedes acordarte de hacer todo eso?"

- Jake: "Puedo intentarlo".

Paso 3: Discute las consecuencias

- Padre/madre: "Cuento contigo para que te encargues de esto. Pero recuerda, si no lo haces, no podrás jugar a video juegos después de cenar durante una semana. Necesitamos asegurarnos de que duermes lo suficiente, ¿de acuerdo?".

- Jake: "Esta bien. Lo hare mejor."

Paso 4: Confirma que lo haya comprendido

- Padre/madre: "¿Puedes repetir lo que acordamos, para estar seguros?"
- Jake: "Necesito dejar de jugar a la hora de acostarme y prepararme para ir a dormir. Si no lo hago, nada de videojuegos después de cenar durante una semana".
- Padre/madre: "¡Exacto! Me alegro de que nos entendamos".

Resultado: Este enfoque conduce a la comprensión mutua. Jake es consciente de las consecuencias, y el padre ha comunicado eficazmente las expectativas y las consecuencias.

Entrenamiento de reacción

Escenario 1: Retrasos en la hora de acostarse

A pesar de que le han dicho que es hora de irse a la cama, Liam, de 7 años, sigue en el sofá, absorto en su programa de televisión favorito, como si nunca hubiera oído la instrucción.

✓ **Tu reacción típica:**

- Recordar repetidamente a Liam que apague el televisor.
- Levantar la voz: "Liam, ¿cuántas veces tengo que decírtelo?".
- Acabar apagando tú misma el televisor, con la consiguiente discusión o enfado.

☺ **Tu reacción ideal** utilizando la Respuesta Consciente en 4 Pasos:

1. **Habla sobre el problema-** Padre/madre: "Liam, **me he dado cuenta** de que te cuesta apagar la tele cuando es hora de dormir."

2. **Explícales qué hacer la próxima vez-**: "Este es nuestro plan: Cuando el reloj marque las 8 de la noche, ésa será nuestra señal para apagar la tele y empezar a prepararnos para ir a dormir. ¿Podrás hacerlo esta noche?"

3. **Discute las consecuencias -** Padre/madre: "Si el televisor no está apagado a las 8 de la noche, el tiempo de televisión de mañana se reducirá 15 minutos. Es importante que cumplamos la rutina de acostarnos para descansar bien".

4. **Confirma que lo haya comprendido**

- Padre/madre: "Liam, ¿puedes repetir lo que hemos acordado sobre el tiempo de televisión y la hora de acostarse?".
- Liam: "Apago la televisión a las 8 de la noche. Si no lo hago, mañana tendré menos tiempo para ver la tele".
- Padre: "Exacto, Liam. Te agradezco tu cooperación. Seguir nuestro horario asegura que todos descansemos lo suficiente".

Escenario 2: Ignorar las reglas de seguridad

Ahora es tu turno. Piensa en tu reacción típica ante el siguiente escenario y anótala a continuación. Luego piensa en una respuesta más consciente y escríbela.

Incluso después de constantes recordatorios de que debe llevar casco cuando va en bici, Jake, de 9 años, suele andar en su bicicleta sin él, haciendo caso omiso de las repetidas advertencias de seguridad. Piensa en tu respuesta típica y anótala aquí. A continuación, practica una respuesta más consciente.

Tu reacción típica:

___

___

___

___

Tu reacción ideal utilizando la Respuesta Consciente en 4 Pasos:

_____

_____

_____

_____

"CADA VEZ QUE SIENTAS QUE TE ENFADAS, RECUERDA QUE TU HIJO ESTÁ APRENDIENDO DE TI CÓMO MANEJAR LAS EMOCIONES".
- ANÓNIMO

@NOYELLINGPARENTINGTOOLBOX

CAPÍTULO 8

COMPORTAMIENTO IRRESPETUOSO

"Cada vez que sientas que te enfadas, recuerda que tu hijo está aprendiendo de ti cómo manejar las emociones."– Anónimo

Imagínate una noche cualquiera: estás preparando la cena y de vez en cuando echas un vistazo para asegurarte de que tu hijo está haciendo sus tareas. Por enésima vez, le has pedido que se concentre en hacer sus tareas, pero cada vez te ignora y responde con gestos desdeñosos y poniendo los ojos en blanco.

Inmediatamente después de lo que debería ser otro amable recordatorio, tu hijo te replica: "No puedes obligarme a hacer nada. Siempre me estás regañando". Este arrebato repentino no solo te duele, sino que te deja frustrado(a) y preguntándote en qué punto se han torcido las cosas.

Estas faltas de respeto de nuestros hijos pueden tomarnos desprevenidos y poner a prueba nuestra paciencia y nuestras habilidades como padres. En este capítulo, profundizaremos en estas situaciones difíciles. Exploraremos por qué se produce el comportamiento irrespetuoso y proporcionaremos estrategias que te ayuden a navegar y gestionar estos incidentes de forma constructiva. Nos centraremos en transformar estos momentos difíciles en oportunidades para enseñar respeto y reforzar la comunicación.

COMPORTAMIENTOS IRRESPETUOSOS COMUNES

Lidiar con el comportamiento irrespetuoso de tus hijos puede hacerte sentir como si estuvieras caminando sobre un campo minado. Nunca sabes cuándo pisarás un detonante. Identifiquemos y comprendamos algunos comportamientos irrespetuosos comunes a los que suelen enfrentarse los padres.

- **Interrupción constante:** Tu hijo interrumpe las conversaciones sin respetar el turno de palabra de los demás, dejándote desconcertado por su impaciencia.

- **Ignorar normas o límites:** Tu hijo desobedece repetidamente las reglas, poniendo a prueba los límites y la autoridad.

- **Contestar mal:** Un conflicto frecuente en el que los niños responden de forma grosera o atrevida a todo lo que dices.

- **Utilizan un lenguaje inapropiado:** A pesar de tener unos límites claros, utilizan un lenguaje ofensivo o grosero, a veces dirigido a los demás.

- **Imitar o burlarse:** Este es un rápido detonante que nos saca de quicio. Repiten burlonamente lo que dices, convirtiendo las conversaciones en intercambios frustrantes.

- **Falta de respeto físico:** Parece como si nuestros pequeños se olvidaran de que ellos son los niños y nosotros los adultos. Pueden mostrar falta de respeto sobrepasando los límites físicos con empujones, golpes o zarandeos, a menudo para expresar su disconformidad o frustración.

- **Despreciar los sentimientos de los demás:** Reírse de la desgracia ajena, incluida la tuya, mostrando falta de empatía.

- **Tomar lo que no es suyo:** Esto ocurre cuando los niños se apoderan de cosas que no les pertenecen sin pedir permiso. Puede ser algo de tu bolso o incluso las cosas de un amigo. No respetan que sea propiedad de otra persona.

- **Poner los ojos en blanco o suspirar:** Es la forma no verbal que tiene tu hijo de decir: "No quiero escucharte" o "Estás haciendo el ridículo". Lo hacen para indicar fastidio o desprecio hacia las orientaciones o instrucciones.

Cada uno de estos comportamientos no es solo un acto de rebeldía, sino también una comunicación de necesidades subyacentes y una forma de poner a prueba los límites. Como padres, debemos interpretar estas señales y guiarles hacia formas más respetuosas de expresarse y gestionar sus emociones. Nuestra meta no es simplemente frenar los comportamientos indeseables, sino comprender las causas profundas y enseñar métodos más sanos de interacción y regulación emocional.

POR QUÉ LOS NIÑOS NECESITAN LÍMITES

Poner límites a los niños puede parecer difícil, pero en realidad es muy útil para ellos. Es como darles un mapa que les indica cómo deben comportarse, sobre todo cuando faltan al respeto. Sin estas normas, los niños pueden empezar a pensar que son el jefe, lo que provoca un desequilibrio de autoridad.

Por ejemplo, digamos que es hora de irse a dormir, pero se enfadan y quieren ver la tele. Si el padre/madre cede, el niño empieza a pensar que manda él y puede empezar a presionar para que se den otras situaciones que no son saludables. Los niños necesitan límites para desarrollarse mental y físicamente. En el fondo, los niños quieren saber que sus padres dirigen el barco y los mantienen a salvo.

Cuando los niños intentan saltarse las normas, es importante que los padres se mantengan firmes. Esto no significa ser súper-estricto todo el tiempo. Significa crear un hogar donde los niños se sientan seguros y sepan que hay alguien al mando con quien pueden contar.

Al establecer normas claras, los niños pueden ser niños. Saben que sus padres les querrán, les ayudarán y les mantendrán a salvo. Estas normas y lo que ocurre cuando no se cumplen deben ser muy claras, sin confusiones. Si los niños se pasan de la raya, es fundamental atenerse a las consecuencias.

Entonces, ¿qué cosas buenas ocurren cuando tenemos límites claros?

- **Seguridad:** Los niños se sienten seguros cuando conocen las normas. Por ejemplo, una regla que diga: "Prohibido correr cerca de la piscina", para que sepan cómo estar seguros allí.

- **Previsibilidad:** Cuando hay una rutina, a los niños no les sorprende lo que viene después. Por ejemplo, desayunar antes de irse a la escuela y hacer las tareas antes de jugar les ayuda a saber qué esperar.

- **Estabilidad:** Si las normas no están claras, los niños pueden sentirse nerviosos porque no saben qué se espera de ellos. Al tener normas consistentes, como nada de teléfonos en la mesa, los niños pueden relajarse sobre lo que se espera de ellos, haciendo que la hora de la comida sea un espacio tranquilo para charlar en familia.

- **Responsabilidad:** Las normas enseñan a los niños a ser responsables. Una regla como "Limpia tus juguetes" les ayuda a aprender a cuidar de sus cosas.

- **Respeto:** Aprenden a pensar en los demás. Una norma como "Llama a la puerta de tu hermano antes de irrumpir" les enseña a respetar los espacios de los demás.

- **Libertad con límites:** Cuando los niños conocen las reglas, pueden explorar y probar cosas nuevas con seguridad. Dejarles elegir su ropa dentro de ciertas pautas (como vestirse según el tiempo que haga) les ayuda a tomar decisiones por sí mismos.

- **Independencia:** Los niños aprenden a hacer cosas por sí mismos con unos límites seguros. Por ejemplo, ayudarles a preparar parte de su comida les enseña a ser más independientes.

- **Confianza y consistencia:** Cuando las normas son siempre las mismas, los niños aprenden a confiar en sus padres y a ser ellos mismos fiables. Una regla como hacer la tarea antes que la tele les ayuda a confiar en su rutina diaria y a entender por qué es importante hacer primero su trabajo.

CÓMO AFRONTAR LA FALTA DE RESPETO

¿Te preguntas por qué tu hijo es grosero e irrespetuoso contigo o con los demás? Revisa tus propias acciones. Los niños pequeños aprenden a comportarse con los demás, como sus abuelos, observando lo que hacen sus padres, y no siempre entienden que los adultos son diferentes de ellos. Por eso, si un niño ve que sus padres no son amables con sus abuelos, puede empezar a actuar de la misma manera.

Además, como los niños no siempre manejan bien sus emociones y estados de ánimo, un niño puede ser gruñón o alterarse con facilidad, lo que también le hace ser grosero con los demás.

¿Qué debes hacer? Lo más importante es hacerles saber enseguida, con calma, que eso no está bien. Si ignoras su comportamiento, puede pensar que está bien ser grosero. Por otra parte, si gritas o te enojas mucho, puede que se enfaden más.

Lo mejor es ser firme pero amable. Diles lo que han hecho mal y enséñales la forma correcta de comportarse. Se trata de ayudarles a aprender a ser amables, no solo de regañarles. He aquí 4 pasos para ayudar a manejar a un niño irrespetuoso:

- **Paso 1: Corrección inmediata y clara**

Imagina que tu hijo acaba de comportarse de forma grosera con la abuela. Es hora de señalar el error con suavidad pero con firmeza. Enseguida, hazle saber por qué está mal: "Hablarle groseramente a la abuela no es respetuoso" o "No gritamos a la abuela, no es de buena educación". Es fundamental explicárselo claramente, en lugar de limitarse a interrogarles o reprenderles de forma vaga. Sin embargo, si corregirles delante de los abuelos puede resultar embarazoso, llévalos aparte en privado para hablar del tema.

- **Paso 2: Muestra el camino correcto**

A los niños les gusta la claridad. En lugar de decirles "Sé educado", demuéstrales cómo es eso: "Saludemos a la abuela con un hola afectuoso y una sonrisa". Haz que las instrucciones sean sencillas y fáciles de entender.

Consejo adicional: Para enseñar buenos modales, puedes jugar con tu hijo a juegos de simulación. Representa situaciones en las que la gente se saluda educadamente, como decir hola y sonreír. De este modo, tu hijo puede practicar los buenos modales de forma divertida y entretenida.

- **Paso 3: Lista de lo que debes y no debes hacer**

Siéntate con tu hijo y elabora una lista de comportamientos positivos (lo que debes hacer) y negativos (lo que no debes hacer). Para los No hacer, incluye acciones como hablar de forma grosera o no saludar a los mayores. Para los Qué hacer, haz una lista de comportamientos respetuosos, como utilizar palabras educadas y sonreír. Coloca esta lista en un lugar visible y repásala con regularidad. No se trata solo de unas reglas, sino de una guía para interacciones respetuosas, discutidas y comprendidas juntos.

Estrategia adicional para la lista de lo que NO se debe hacer: Para abordar el comportamiento de burla o imitación, incluye "No repitas burlonamente lo que dicen los demás" como uno de los comportamientos a evitar.

- **Paso 4: Usar sabiamente las recompensas y las consecuencias**

Implementa un sistema de recompensas y consecuencias. Si siguen las dos, reciben una marca positiva, como una calcomanía.

Acumularlos puede dar lugar a una pequeña recompensa. Sin embargo, si hacen lo que no deben, utiliza una consecuencia adecuada, como un tiempo fuera de su actividad favorita. Este método les enseña las consecuencias de sus actos de forma justa y constructiva.

Ten en cuenta que enseñar respeto a tu hijo no se hace rápidamente. Requiere tiempo, esfuerzo y muchas respiraciones profundas. Pero al final todo tu esfuerzo dará frutos.

Ejercicios Prácticos y Fáciles para Enseñar el Respeto

- Juego de roles sobre el respeto:

Simula con tu hijo. Tú puedes actuar como alguien que está siendo grosero, y ellos pueden ser respetuosos. Discutan por qué es mejor ser respetuoso. Por ejemplo, representen una situación en la que tú intentas quitarles los juguetes y ellos te enseñan a compartirlos. Luego invierte los papeles.

- Reto diario de la amabilidad:

Pídele cada día que haga algo amable por alguien. Puede ser algo tan sencillo como ayudar a poner la mesa o decir o hacer algo amable. Por ejemplo: "Vamos a ayudar a la abuela a llevar la compra."

- Historias sobre empatía:

Lean cuentos o vean programas en los que los personajes muestren sus sentimientos. Habla sobre cómo se sienten esos personajes y por qué. Por ejemplo, después de ver una película, comenten por qué el protagonista se sentía triste y cómo podría tu hijo ayudar a otra persona en esa situación.

MALOS COMPORTAMIENTOS

Como padres, nunca debemos ignorar los siguientes malos comportamientos. Un comportamiento muy malo necesita una respuesta para reforzar que es inaceptable. He aquí algunos comportamientos comunes y cómo manejarlos:

- **Tomar cosas que no son suyas**

Imagina que tu hijo llega a casa con un juguete que no es suyo. Es como si nosotros tomásemos prestado el cortacésped del vecino sin pedir permiso: no está bien, ¿verdad? Siéntate con él, explícale por qué es importante respetar las cosas de los demás y guíale para que devuelva el juguete y se disculpe. Quizá un tiempo fuera de su juego favorito les ayude a aprender la lección.

- **Causar daño para llamar la atención**

Los niños pueden ser pequeños reyes y reinas del drama, que actúan para que les miremos. Si tu hijo le quita un juguete a un amigo y monta una escena, es hora de hablar con él en serio. Ayúdale a comprender cómo sus acciones afectan a los demás. Una lección de amabilidad y exigir una disculpa sincera al amigo pueden dar la vuelta a la situación.

- **Burlarse de las diferencias**

Si tu hijo se burla de alguien, es hora de una charla suave pero firme. Ayúdale a ver que todo el mundo es único y especial, y que eso es lo que hace del mundo un lugar interesante. Tal vez puedas compartir una historia de tu infancia sobre cómo aprender a apreciar las diferencias. Haz que se disculpen y que busquen formas de ser amigos.

- **Dejar a alguien fuera**

Todos sabemos que ser excluido duele. Si tu hijo no incluye a un compañero de clase, es una oportunidad para enseñarle empatía. Habla con tu hijo de lo que se siente cuando te dejan de lado y dile que nunca debe hacer eso a nadie. Anímale a que incluya en sus juegos al niño al que ha sido marginado.

- **Agresión por rabia**

Los niños siguen *siendo niños*, y pueden seguir teniendo problemas para manejar sus emociones o controlar lo que sienten, igual que les ocurre a veces a los adultos. Sin embargo, algunos niños responden con más fuerza que otros. Por ejemplo, algunos niños gritan, pegan a la gente e incluso rompen cualquier cosa que tengan a mano con tal de que se les escuche. Si observas este tipo de comportamiento, necesitas trabajar con tu hijo.

Tu reacción debe basarse en la edad de tu hijo y en lo malo que haya sido su comportamiento. Cuando haya pasado la tormenta, hablen de mejores formas de manejar los grandes sentimientos, como dibujar o hablar de ello. Limpiar juntos o arreglar lo que se ha roto puede formar parte de la reparación.

JUNTO A LOS ABUELOS

Imagínate a ti mismo(a) como el capitán de un barco llamado *Crianza*, con los abuelos como tus co-capitanes. Para navegar con éxito por los mares de la disciplina y los modales, es esencial que todos naveguen en la misma dirección.

Digamos que la abuela y el abuelo son del tipo 'buena onda', que se encogen de hombros ante un poco de descaro con una actitud de "los niños serán niños". Aquí es donde ayuda una charla familiar amistosa. Siéntate con ellos y comparte tu visión: un frente unido es crucial para enseñar al niño el respeto y los modales. A veces, todo lo que hace falta es un suave empujoncito como: "Acuérdate de saludar amablemente a la abuela", o un simple "Usa palabras amables con el abuelo", para reforzar esas reglas de oro de la cortesía.

Ahora, reflexiona sobre tu propio comportamiento como padre. Los niños son como pequeñas esponjas: absorben todo lo que ven. Enséñales cómo se hace. Un cálido "Buenos días" o una sonrisa pueden ayudar mucho a dar un ejemplo positivo.

¿Y quién dice que aprender modales no puede ser divertido? Saca esos coloridos libros ilustrados sobre el buen comportamiento, o ten un pequeño espectáculo de marionetas en el que Teddy aprenda a decir "Por favor" y "Gracias". ¡Es aprendizaje disfrazado de juego!

Sin embargo, ten en cuenta el temperamento de tu hijo. Si tu hijo es tímido, anímalo gentilmente sin insistir demasiado. Evita las reprimendas físicas y las regañadas duras. Se trata de estimular su cumplimiento.

En este esfuerzo de colaboración, la salsa secreta es la consistencia, la comprensión y una pizca de diversión.

Colaborando con los abuelos y predicando con el ejemplo, encaminarás a tu hijo hacia un comportamiento respetuoso y amable. Recuerda, criar a un niño educado es un trabajo de equipo, y cada miembro desempeña un papel vital en este hermoso viaje.

Retos para los padres

Escenario: Ethan, de 10 años, vuelve de la escuela visiblemente enojado. Da un portazo y grita sobre su día.

✓ Respuesta típica:

- Ethan: "Estoy harto de la escuela. ¡Es una estupidez! Lo odio".
- Padre/madre: "¿Por qué has dado un portazo? Eso no soluciona nada. Tienes muy mal genio".
- Ethan: "¡Siempre me gritas! No ayudas en nada".

Resultado: La situación se agrava, dejando estresados tanto a Ethan como al padre/madre. Ethan se siente incomprendido y molesto, mientras que el progenitor se siente irrespetado y enfadado.

☺ **Respuesta Consciente Mejorada:** Aplica la Fórmula para No Gritar.

Paso 1: Habla sobre el problema

- Padre: "Ethan, **me he dado cuenta** de que has dado un portazo y parecías enfadado a causa de la escuela. Está bien sentirse frustrado, pero dar portazos no es la mejor manera de manejarlo".

- Ethan: "Pero es que hoy ha sido un día horrible".

Paso 2: Explícale qué hacer la próxima vez

Padre/madre: "Entiendo que has tenido un día difícil. ¿Por qué no te sientas y me lo cuentas? (Deja que Ethan comparta su lucha antes de aplicar una corrección adicional).

- Padre/madre (después de escuchar y cuando Ethan esté más tranquilo): **La próxima vez** que estés enfadado, recuerda hablarlo o respirar hondo en vez de gritar o dar portazos. Así podrás expresarte con más calma. ¿Te parece algo que puedes hacer?".

- Ethan: "Supongo que puedo intentarlo".

Paso 3: Discute las consecuencias

- Padre/madre: "Si seguimos dando portazos y gritando, quizá necesitemos limitar algunos privilegios, como el juego. Recuerda que es importante comunicarse de forma que atraigamos a la gente, no que la alejemos."

- Ethan: "No quiero que la gente me evite".

Paso 4: Confirma que lo haya comprendido

- Padre/madre: "¿Puedes hacer un resumen de lo que hemos hablado?"

- Ethan: "Cuando esté enfadado, debería hablar contigo o respirar profundamente en vez de gritar o dar portazos.

Seguir haciéndolo podría costarme mi tiempo de juego, y podría alejar a la gente".

- Padre/madre: "Así es. Y recuerda que estoy aquí para ti, pase lo que pase".

Resultado: Al abordar las emociones de Ethan y ofrecerle alternativas constructivas, el padre/madre suaviza la situación, fomentando la cooperación y la comprensión.

Recuerda abordar las situaciones irrespetuosas como oportunidades de aprendizaje. Ve el mal comportamiento como una oportunidad de enseñar a los niños el respeto y formas más sanas de comunicarse.

Entrenamiento de reacción

Escenario 1: Contestar groseramente

Emma, de 9 años, suele contestar irrespetuosamente, como responder con un "Como quieras" o poner los ojos en blanco cuando se le pide que haga algo que no quiere.

✓ **Tu reacción típica:**

- Reaccionas con frustración: "¡No me hables así!".
- Intentas sermonear a Emma por ser irrespetuosa.
- A veces ignoras el comportamiento, inseguro(a) de una respuesta eficaz.

Tu reacción ideal utilizando la Respuesta Consciente en 4 Pasos:

1. **Habla sobre el problema-** El padre o la madre aborda el comportamiento con calma pero con firmeza: "Emma, me he dado cuenta de que has estado actuando de forma irrespetuosa. Responder con un "Como quieras" o poner los ojos en blanco no está bien".

2. **Explícales qué hacer la próxima vez-** Padre/madre: "Comprendo que estés enfadada o que no quieras hacer algo, pero la próxima vez necesitas hablar con amabilidad. Intentemos responder de nuevo, ¿te parece?".

3. **Discute las consecuencias -** Padre/madre: "Si este comportamiento irrespetuoso continúa, quizá necesitemos reconsiderar algunos de tus privilegios, como pasar tiempo con los amigos o utilizar el teléfono. No se trata de castigar, sino de aprender a respetarnos unos a otros".

4. **Confirma que lo haya comprendido**

    – Padre/madre: "¿Puedes decirme cuál es nuestro acuerdo sobre cómo nos hablamos? ¿Qué pasa si nos olvidamos?".

    – Emma: "Debo hablar bien, aunque esté enojada. Si sigo siendo irrespetuosa, podría perder algunos privilegios".

    – Padre/madre: "Exacto. Puede ser difícil, pero la comunicación respetuosa es importante. Gracias por entenderlo, Emma".

Escenario 2: Negarse a hacer las tareas

Ahora es tu turno. Piensa en tu reacción típica ante el siguiente escenario y anótala a continuación. Luego piensa en una respuesta más consciente y anótala.

Mia, de 10 años, aparta sus tareas, diciendo que las hará más tarde, y se pone a jugar con sus juguetes, ignorando tus recordatorios.

Tu reacción típica:

_____

_____

_____

_____

Tu reacción ideal utilizando la Respuesta Consciente en 4 Pasos:

_____

_____

_____

_____

"ANTES DE HABLAR CON IRA, RECUERDA QUE TUS PALABRAS PUEDEN PLANTAR JARDINES O QUEMAR BOSQUES ENTEROS". - ANÓNIMO

@NOYELLINGPARENTINGTOOLBOX

CAPÍTULO 9

RIVALIDAD ENTRE HERMANOS

"Antes de hablar con ira, recuerda que tus palabras pueden plantar jardines o quemar bosques enteros."– Anónimo

¿Recuerdas aquellos días? "¡¡Dejen de pelearse en este instante!!" o "¡Me da igual quién haya empezado, están los dos castigados!" ¿Te suena?

Estas son las frases que muchos de nosotros crecimos oyendo, la banda sonora de nuestras propias rivalidades entre hermanos. Y ahora, como padres, nos sorprendemos repitiendo estas frases familiares, casi como si nos pusiéramos en el lugar de nuestros padres en esos momentos de caos y ruido.

Piénsalo: la forma en que nos criaron, las lecciones que nos inculcaron nuestros padres, nos moldean más de lo que pensamos, sobre todo cuando se trata de mediar en las disputas de nuestros hijos. Es un poco como una vieja receta transmitida de generación en generación. Nos encontramos añadiendo los mismos ingredientes que nuestros padres, a menudo sin pensar. Cuando en realidad, con todo lo que sabemos ahora, la receta necesita actualizarse, utilizando el mismo amor, por supuesto, sólo que un poco más sano.

Pero he aquí un pensamiento reconfortante: tenemos el poder de añadir nuestros propios sabores a esta receta, de cambiar los ingredientes. Este capítulo trata de explorar eso. Es un diálogo sincero sobre cómo nuestro pasado influye en nuestro presente y cómo podemos cambiar gradualmente hacia una forma más comprensiva y enriquecedora de manejar esas inevitables peleas entre hermanos.

Juntos, desentrañaremos esos recuerdos, comprenderemos su impacto y aprenderemos formas nuevas y cariñosas de guiar a nuestros hijos en sus desacuerdos. No se trata solo de mantener la paz; se trata de un hogar enriquecedor en el que cada riña sea un peldaño hacia unos lazos entre hermanos más fuertes y una conexión familiar más profunda. Convirtamos esos momentos de "¡Dejen de pelearse!" en oportunidades de crecimiento y comprensión.

POR QUÉ OCURREN LAS PELEAS ENTRE HERMANOS

¿Te has preguntado alguna vez por qué a veces los hermanos no se llevan bien? Es un poco como cuando todos quieren jugar con el mismo juguete, pero solo hay un juguete para todos.

- **La batalla por la atención:** En esta escena clásica, cada niño intenta ser la estrella del espectáculo familiar, con la esperanza de captar la atención de papá o mamá. A veces, cuando uno de los niños se siente un poco dejado de lado, puede montar un escándalo para volver a ser el centro de atención. Es como cuando todos intentan hablar por encima de los demás en la mesa: ¡un caos!

- **El juego de la comparación:** Debemos tener cuidado de no comparar a los niños, ya que cada uno es único. Cuando decimos cosas como: "La habitación de tu hermano está siempre tan ordenada, ¿por qué la tuya no?", puede que no nos demos cuenta, pero estamos preparando el terreno para un poco de rivalidad. Estarás iniciando sin querer una competencia en la que cada uno siente que necesita superar al otro para ganarse tu aprobación, o despertando el resentimiento del niño que siente que no puede estar a la altura.

- **Personalidades de gis y queso:** Los hermanos pueden ser tan diferentes como el gis y el queso. Puede que a uno le encante pasar un rato tranquilo con un libro, mientras que al otro le encanta correr al aire libre. Cuando sus mundos chocan, no es de extrañar que a veces no se entiendan, lo que provoca esos momentos de "¡Qué raro eres!"

- **La lucha por compartir:** Ya sean juguetes, el mando de la tele o la última galleta, compartir puede ser difícil. Es como cuando los amigos tienen que decidir quién juega primero con el juguete nuevo: seguro que se forman peleas.

Comprender estos pequeños desencadenantes nos ayuda a ver el panorama general. Las peleas entre hermanos suelen deberse al afán de atención, las presiones de la comparación, los choques de personalidad y el viejo dilema de compartir. Con un poco de paciencia, podemos ayudar a nuestros pequeños a navegar por estas aguas agitadas, enseñándoles que, a pesar de sus diferencias, ser hermanos es bastante asombroso.

ENTENDIENDO SUS DIFERENCIAS

Piensa en tu familia como en un hermoso jardín, donde cada niño es una flor única, cada una con sus propias necesidades. Al igual que no regarías de la misma forma una delicada orquídea que un resistente cactus, cada niño requiere una mezcla especial de cuidados y atención basados en sus distintas personalidades.

Ser padre significa comprender que tu enfoque de la crianza de cada niño puede ser distinto, y eso está perfectamente bien. No se trata de encajonarlos con etiquetas como "mayor" o "menor", sino de reconocer su individualidad.

El(la) mayor, a menudo agobiado por expectativas del tipo "¡Eres la hermana mayor, da ejemplo!", necesita ser visto también como un niño(a), no solo como un modelo a seguir. Merecen que se les escuche y a veces eludir el manto de la responsabilidad.

Y aunque los más pequeños sean la estrella brillante del hogar, también necesitan aprender a ser autosuficientes y responsables. Es importante no intervenir siempre para resolver sus problemas. Deja que se enfrenten a algunos retos; es para su propio crecimiento.

Dar un paso atrás y ver a tus hijos como individuos, no solo como parte de una secuencia de orden de nacimiento, te permite apreciar sus puntos de vista únicos. Este enfoque ayuda a reducir la rivalidad entre hermanos y los malentendidos. Sin embargo, tratar a cada hijo de forma diferente a veces puede dar lugar a acusaciones de injusticia. Por ejemplo, si dejas que el pequeño elija la película, el mayor puede sentirse marginado. O los elogios incesantes al mayor pueden hacer que el pequeño se sienta ignorado. Recuerda que los niños tienen un agudo sentido de la justicia y captan rápidamente cualquier desequilibrio percibido.

Para controlarlo, basa tus decisiones en sus necesidades y no en un sentido abstracto de la justicia. Cuando griten: "¡No es justo!", explícales suavemente: "Justo no siempre significa igual. Significa dar a cada uno lo que necesita para prosperar". En este ambiente enriquecedor, cultivarás un jardín en el que cada flor florece maravillosamente.

CUANDO INTERVENIR

En situaciones en las que los hermanos se pelean, es mejor dejar que lo solucionen ellos mismos. Intervén solo si las cosas pueden ponerse feas. Si siempre eres el árbitro, no aprenderán a solucionar los problemas por sí solos. Además, pueden pensar que tienes favoritos, lo que no está bien. ¿Y el niño al que siempre salvas? Podría empezar a pensar que puede hacer cualquier cosa y salirse con la suya.

Sin embargo, si dicen cosas feas, no pasa nada por enseñarles palabras más bonitas. Eso no es lo mismo que interrumpir la pelea.

Si necesitas intervenir, esto es lo que debes hacer:

- Dales un descanso uno del otro. No es necesario repasar la pelea en ese momento. Escucha, espera a que todos se tranquilicen.
- No juegues al juego de las culpas. No se trata solo de quién empezó, ambos suelen ser responsables.

- Busca una solución en la que todos salgan ganando. Por ejemplo, si los dos quieren el mismo juguete, ayúdales a encontrar un juego divertido al que puedan jugar juntos.

Recuerda que así aprenden a ver el punto de vista del otro, a llegar a acuerdos y a mantener la calma.

TRUCOS PARA PADRES

La rivalidad entre hermanos no debería ser nueva para ti si tienes más de un hijo. Pero la cuestión es que, por muchos conflictos que tengas, no dejes que eso haga tambalear tu confianza en la tarea de ser padre.

- **Pelea por un juguete:** Cuando tus hijos se peleen por un juguete, la riña puede agravarse rápidamente. En primer lugar, retira el juguete en cuestión de la escena y envía un mensaje claro: "¡O juegan bien, o no juegan!".

- **Enfrentamiento entre hermanos:** Cuando tus hijos levanten la voz y haya un combate de lucha libre en tu sala de estar, es hora de intervenir. Sepáralos y haz que vayan en direcciones distintas. Así podrás pulsar el botón de reinicio de sus emociones.

- **Guerras por el control remoto:** Deberías estar familiarizado(a) con la vieja batalla por el control remoto de la televisión. Ahora es el momento de traer una consecuencia lógica: "Si alguien se pelea, apago el televisor".

- **Tiempos fuera:** Puedes utilizar los tiempos fuera como una parada técnica en una carrera. La idea no es castigar a tus hijos, sino asegurar que se toman un respiro para calmarse y reagruparse.

- **Privilegios y responsabilidades:** Para los niños mayores, asegúrate de mezclar privilegios con responsabilidades. Cuando tienen la alegría de quedarse despiertos hasta más tarde, también hay que recordarles la responsabilidad de dar buen ejemplo. Utiliza siempre el mantra popular para tus hijos: "Un gran poder conlleva una gran responsabilidad".

- **Ignorar cuando es necesario:** Introduce a tus hijos mayores en la estrategia de ignorar. Enséñales que no todos los empujoncitos de su hermano pequeño merecen una reacción. Pueden encogerse de hombros o alejarse.

- **Desalentar el chismorreo:** Haz que chismorrear no sea gratificante permitiendo que tus hijos resuelvan las cosas por sí mismos, a menos que se trate de una cuestión de seguridad.

A veces, lo único que necesitan los niños es que los vean y los escuchen. Asegúrate de dar a cada niño un poco de protagonismo y deja que lo disfrute. Esto puede ser tan sencillo como leer un libro, dar un paseo de 10 minutos o ver una película juntos. Habrá menos discusiones cuando no necesiten competir por tu atención.

PERSPECTIVAS DE LOS PADRES

A la hora de abordar la rivalidad entre hermanos, hay que adoptar una actitud: las fricciones entre hermanos son normales. Así que, en lugar de luchar por una utopía en la que todos se lleven bien todo el tiempo, trabajemos para tener un hogar en el que los conflictos se resuelvan de forma saludable.

- **Espera que exista rivalidad entre hermanos:** La rivalidad entre hermanos es natural; forma parte del crecimiento. Así que no culpes a tus habilidades como padre si tus hijos se pelean, y no esperes que tu casa esté siempre en calma.

- **Lo justo por encima de lo igualitario:** Explica a tus hijos que la justicia no consiste en que todo sea igual, sino en que las necesidades de cada uno se satisfagan de la mejor manera posible.

- **Haz que todos los niños se sientan especiales:** Reconoce y celebra las cualidades y logros únicos de tus hijos. Dedícales tiempo individualmente, interesándote por sus aficiones y reconociendo sus puntos fuertes.

- **Evita tener favoritos:** Tener favoritos puede dañar la autoestima de tus hijos y las relaciones entre ellos. En lugar de eso, trata a cada niño en función de sus necesidades y méritos y evita compararlo con sus hermanos.

- **Establece normas familiares claras:** Establece expectativas claras de comportamiento que se ajusten a tus normas familiares y hazlas cumplir consistentemente: por ejemplo, nada de pegar, insultar o decir palabrotas. Cuando tus hijos sepan a qué atenerse, estarán más dispuestos a cooperar.

- **Comprende las etapas del desarrollo:** Ajusta tus expectativas a la edad y etapa de desarrollo de cada niño. Por ejemplo, los niños más pequeños suelen tener dificultades para compartir; debes ser paciente y enseñarles gradualmente a compartir.

- **Saber cuándo intervenir:** Si una situación se te va de las manos, es hora de intervenir antes de que alguien salga herido.

Tu papel como padre es calmar las tormentas de tus hijos. Sé paciente, consistente y empatiza; poco a poco les estarás ayudando a construir una hermosa relación que durará toda la vida.

Retos para los padres

Escenario: Sarah, de 8 años, y Emily, de 6, discuten acaloradamente por un juguete. Ambas insisten en que es su turno para jugar, y el desacuerdo se agrava rápidamente.

✓ **Respuesta típica:**

- Padre/madre: "¿Por qué no pueden llevarse bien? Sarah, ¡eres la mayor y deberías saberlo bien!"
- Sarah: "¡Pero ella siempre se sale con la suya porque es más pequeña, y no es justo!"
- Padre/madre: "Eso no es verdad. Solo estás molesta".
- Emily: "¡No, siempre se lleva mis juguetes y nadie se lo impide!"

Resultado: La tensión aumenta, y el centro de atención se ha desplazado del problema inicial - compartir el juguete - a una guerra sobre quién se equivoca, quién sale favorecido o quién soporta la carga de las etiquetas. Como resultado, hay rivalidad entre hermanas y ambas se sienten poco escuchadas e incomprendidas.

☺ **Respuesta Consciente Mejorada:** Aplica la Fórmula para No Gritar.

Paso 1: Habla sobre el problema

- Padre/madre: "**Veo que** tenemos problemas para compartir el juguete y decidir a quién le toca".

- Sarah: "¡Pero ahora me toca a mí, mamá!"

- Emily: "¡¡De ninguna manera! ¡Lleva toda la mañana jugando con él!"

Paso 2: Explícale qué hacer la próxima vez

- Padre/madre: "Entiendo que las dos quieran su turno. **Esto es lo que haremos la próxima vez**: Vamos a utilizar 'piedra, papel o tijera' para decidir quién juega primero. Cada una jugará 10 minutos y luego cambiarán. ¿Les parece justo?"

- Sarah: "¡Me parece justo!"

- Emily: "¡Me gusta piedra, papel o tijera! Pero, ¿qué pasa si no respeta las reglas?".

Paso 3: Discute las consecuencias

- Padre/madre: "Confío en que ambas jugarán de forma honesta. Pero si hay trampas o peleas, el juguete se guardará por ese día. ¿Podemos ponernos de acuerdo sobre esta forma de compartir?".

- Sarah y Emily: "De acuerdo. Haremos 'piedra, papel o tijera' y nos turnaremos".

Paso 4: Confirma que lo haya comprendido

- Padre/madre: "Asegurémonos de que todos lo entendemos. ¿Podrían decirme cuál es nuestro plan?".

- Sarah y Emily: "Jugamos a 'piedra, papel o tijera' por el juguete. Si nos peleamos o hacemos trampas, el juguete se guarda por ese día".

- Padre/madre: "¡Genial! Estoy orgulloso(a) de que las dos hayan aceptado compartir y turnarse".

Resultado: Al utilizar la Fórmula para No Gritar, no solo se restablece la paz en tu sala, sino que ahora tus hijos pueden practicar la paciencia, la resolución de problemas y la toma de turnos.

Entrenamiento de reacción

Escenario 1: Disputa sobre el Juego de Arte

Lucy, de 10 años, y Sarah, de 8, siguen peleándose por ver quién usa el nuevo juego de arte. Discuten todos los días por ello, y se está convirtiendo en un dolor de cabeza para todos.

✓ Tu reacción típica:

- Intentas ser justo(a), diciendo cosas como: "Lucy, tú lo tenías ayer, ahora le toca a Sarah", pero siguen discutiendo.
- A veces solo quieres guardar el juego de arte para poner fin a las discusiones.

☺ **Tu reacción ideal** utilizando la Respuesta Consciente en 4 Pasos:

1. **Habla sobre el problema-** "Niñas, veo que a las dos les encanta el juego de arte, pero esta discusión tiene que acabar. No es divertido para nadie cuando se pelean así".

2. **Explícales qué hacer la próxima vez-** "Esto es lo que vamos a hacer: cada una tendrá el equipo de arte durante

una hora después de cenar. Pondremos un cronómetro. Y cuando se acabe tu tiempo, será el turno de tu hermana. Sin discusiones".

3. **Discute las consecuencias** - "Si siguen así las discusiones, tendremos que guardar el juego de arte durante un tiempo. No quisiera hacerlo, pero necesitamos paz en casa".

4. **Confirma que lo haya comprendido-** "Entonces, ¿cuál es nuestra nueva regla sobre el juego de arte?"

   – Lucy y Sarah: "Cada una lo tiene durante una hora. Sin peleas, o se guarda".
   – Padre/madre: "Exacto. Gracias, chicas. Sé que pueden hacerlo".

Escenario 2- Rivalidad deportiva entre hermanos:

A Emma, de 10 años, y a Noah, de 8, les encanta jugar al fútbol. En casa, a menudo intentan superarse el uno al otro, discutiendo sobre quién es el mejor jugador. Esta competición provoca muchas discusiones y rencores entre ellos.

Piensa en tu reacción típica y escríbela a continuación. Después considera una respuesta más consciente utilizando los 4 Pasos.

Tu reacción típica:

_____

_____

_____

Tu reacción ideal utilizando la Respuesta Consciente en 4 Pasos:

"UN MOMENTO DE PACIENCIA EN UN MOMENTO DE ENOJO AHORRA MIL MOMENTOS DE ARREPENTIMIENTO"
-ANÓNIMO

@NOYELLINGPARENTINGTOOLBOX

CAPÍTULO 10

DEMASIADO TIEMPO FRENTE A LA PANTALLA

"Un momento de paciencia en un momento de enojo ahorra mil momentos de arrepentimiento." – Anónimo

En la actual era digital, muchos de nosotros hemos experimentado momentos en los que hemos tenido que entregar nuestros teléfonos a nuestros hijos para que se entretengan mientras hacemos la compra o hemos permitido que YouTube les entretenga brevemente. No juzgo a nadie: todos hemos pasado por eso. Estas soluciones rápidas se han convertido en algo habitual, pero conllevan sus propias serie de retos.

La frustración por el tiempo que nuestros hijos pasan frente a la pantalla puede aumentar rápidamente. Los gritos familiares de "¿Cuántas veces tengo que decirte que apagues ese iPad?" o "¡Ya está bien! No más juegos por hoy!" pueden resonar en tu casa. ¿Y quién no ha amenazado con quitarle el teléfono después de demasiados episodios de Cocomelon?

Si esto te resulta familiar, ten por seguro que no estás solo(a). Sin embargo, antes de apresurarnos a criticar todas las distracciones digitales, dediquemos un momento a reconocer las ventajas de algunas. Pueden ser fantásticas herramientas de aprendizaje para los niños. Desde clases creativas en línea hasta aplicaciones educativas, nuestros hijos tienen un mundo de conocimientos a un toque de distancia.

Sin embargo, la pregunta sigue siendo imperativa: ¿Cómo podemos gestionar eficazmente el tiempo frente a la pantalla sin que se convierta en una lucha constante? ¿Cómo podemos mantener la paz en casa sin desempeñar constantemente el papel de policía de las pantallas? Este capítulo ofrece las respuestas que necesitas. Te ayudará a encontrar el equilibrio sin recurrir a una prohibición total. Exploremos soluciones prácticas para ayudar a

dar una tregua en las batallas con tu hijo por el tiempo que pasa frente a una pantalla.

RIESGOS DEL TIEMPO EXCESIVO FRENTE A LA PANTALLA

Hoy en día, es una imagen habitual: niños de tan solo dos años con tabletas en la mano, casi como si hubieran nacido con ellas. Según Common Sense Media, un gran número de niños menores de ocho años pasan ahora unas dos horas al día mirando pantallas. Este aumento del nivel de consumo digital entre los más pequeños ha suscitado un debate sobre su posible impacto en su crecimiento y desarrollo.

a Dra. Jennifer F. Cross, asociada al Hospital Infantil Presbiteriano Komansky de Nueva York, coincide con estas preocupaciones. Ella señala las pruebas emergentes de cambios cerebrales estructurales en los niños que pasan mucho tiempo delante de pantallas. Se trata de un delicado equilibrio, sugiere, entre aprovechar los beneficios educativos de la tecnología y asegurar que los niños también tengan tiempo suficiente para jugar, explorar e interactuar socialmente lejos de los dispositivos digitales.

La clave, como destacan expertos y observadores por igual, es encontrar un punto medio. Aunque es innegable que la tecnología forma parte de nuestras vidas, es esencial asegurar que los niños crezcan con una mezcla saludable de tiempo frente a la pantalla y experiencias del mundo real. Al fin y al cabo, el mundo fuera de la pantalla ofrece lecciones y aventuras de valor incalculable que son fundamentales para el desarrollo integral del niño.

Yo también lo he notado: fuera de casa, los niños están totalmente absortos en sus dispositivos, ajenos a la bulliciosa vida que les rodea. No pueden charlar con otros niños, ver jugar a los perros en el parque o ver camiones en movimiento, cosas importantes que les enseñan el mundo real. Los niños necesitan ver, oír y, sobre todo, interactuar con la gente para aprender.

Para los niños, todo puede ser nuevo y emocionante. Tienen ganas de tocar, ver, oler y oír el mundo que les rodea para comprenderlo realmente. Así es como aprenden. Pero si se les da acceso ilimitado a las pantallas, se les privará de lo siguiente:

- **Habilidades físicas y motoras:** ¿Cómo puede un niño desarrollar estas habilidades si la mayor parte del tiempo está solo sentado y mirando? Es como aprender a montar en bicicleta en un libro, pero no subirse nunca a una bici.

- **Lenguaje y comunicación:** Los dibujos animados y los juegos no fomentan la comunicación interactiva. No hay idas y venidas, ni preguntas y respuestas. Es un aprendizaje pasivo, no activo.

- **Inteligencia emocional:** Cuando un niño se molesta, en vez de enseñarle a gestionar sus emociones, se le da una tableta. Esto no soluciona la causa, es como poner una curita en una astilla. Es un arreglo temporal, no una solución para comprender y manejar los sentimientos.

Aunque las pantallas ofrecen contenido educativo, no hay nada mejor que el aprendizaje práctico y activo. Los niños necesitan correr, saltar, jugar y explorar. Necesitan practicar el habla, la escucha y la interacción con los demás. La tecnología es una herramienta útil, sin duda, pero no debe ser el único recurso de nuestra caja de herramientas para padres. Utilicémosla sabiamente, asegurándonos de que nuestros hijos obtienen lo mejor de ambos mundos: el digital y el real.

EVALÚA TUS PRÁCTICAS DE TIEMPO FRENTE A LA PANTALLA

Antes de sumergirnos en estrategias eficaces para gestionar el tiempo frente a la pantalla, es esencial evaluar tus prácticas actuales. Este cuestionario de autoevaluación te ayudará a comprender mejor los hábitos de tus hijos en relación con el tiempo frente a la pantalla y a identificar áreas en las que puedes mejorar.

Por favor, responde con honestidad a las siguientes preguntas:

Pregunta 1: En promedio, ¿cuántas horas de pantalla pasan tus hijos al día?

- Menos de 1 hora
- 1-2 horas
- 2-3 horas
- 3-4 horas
- Más de 4 horas

Pregunta 2: ¿Tienes reglas u horarios específicos para el tiempo que tus hijos pasan frente a la pantalla?

- Sí, tenemos reglas y horarios claros.
- Tenemos algunas normas, pero no se cumplen consistentemente.
- No, no tenemos reglas ni horarios establecidos.

Pregunta 3: ¿Con qué frecuencia participas activamente con tus hijos durante las actividades que realizan frente a la pantalla?

- Siempre, participo regularmente con ellos.
- De vez en cuando, cuando tengo tiempo.
- Rara vez, les dejo utilizar las pantallas de forma independiente.

Pregunta 4: ¿Has notado algún efecto negativo del exceso de tiempo frente a la pantalla en tus hijos, como cambios en el comportamiento o en sus patrones de sueño?

- Sí, hemos observado efectos negativos.
- No estamos seguros de que el tiempo frente a la pantalla cause efectos negativos.
- No, no hemos observado efectos negativos.

Pregunta 5: ¿Hay zonas o momentos designados como "sin pantalla" en tu casa?

- Sí, tenemos zonas y horarios específicos en los que no están permitidas las pantallas.
- Tenemos algunas zonas u horas sin pantallas, pero no se hacen cumplir de forma consistente.
- No, las pantallas son accesibles en toda la casa a cualquier hora.

Pregunta 6: ¿Con qué frecuencia hablas con tus hijos de la importancia de un tiempo de pantalla equilibrado?

- Con frecuencia, tenemos conversaciones regulares sobre ello.
- De vez en cuando, pero no tan a menudo como deberíamos.
- Rara vez, no hemos hablado de ello con nuestros hijos.

Pregunta 7: ¿Participas con tus hijos en actividades no relacionadas con la pantalla, como jugar al aire libre, la lectura o las artes creativas?

- Sí, nos animamos y participamos activamente en actividades no relacionadas con las pantallas.
- Los motivamos, pero se inclinan más por las pantallas.
- No, nuestros hijos participan principalmente en actividades relacionadas con las pantallas.

Qué significan los resultados de tu cuestionario:

Analicemos el tiempo que tu familia pasa frente a una pantalla y qué cambios podrían ayudar.

- Mayormente selecciones de "Menos de 1 hora" o "1-2 horas": ¡Gran trabajo! Mantienes a raya el tiempo frente a la pantalla y lo mezclas con otras actividades divertidas. Continúa ofreciendo muchas experiencias diferentes para ayudar a tu hijo a crecer.

- Respuestas "2-3 horas" y "3-4 horas": Estás en el medio. Sí, hay algunas normas, pero hay margen para reducir el tiempo de pantalla. Intenta añadir al día de tu hijo más actividades que no impliquen pantallas.

- Si escogiste "Más de 4 horas" o "No hay normas reales sobre el tiempo frente a la pantalla": Es hora de cambiar. Establecer algunas normas, como horarios o lugares libres de pantallas, y hacer que tu hijo participe en otras actividades puede suponer una gran diferencia.

- "¿Has notado efectos negativos por pasar demasiado tiempo frente a la pantalla o no has hablado mucho de ello?": Es un buen momento para involucrarse y hablar sobre el tiempo frente a la pantalla. Intenta hacer cosas juntos que no impliquen pantallas y establece algunas pautas para ayudar a balancear el día.

Se trata de encontrar el equilibrio adecuado que funcione para tu familia, asegurándote de que las pantallas formen parte de la diversión pero no se apoderen de ella. Utiliza estas ideas para guiarte hacia una vida digital más equilibrada para tus familia.

TIEMPO DE PANTALLA INTELIGENTE

Probablemente no te resulte extraña la situación en la que los niños ponen a prueba tus normas sobre el tiempo frente a la pantalla. Pueden tener rabietas o pedirte insistentemente que cambies las reglas para poder tener más tiempo frente a la pantalla. Entonces, ¿cómo puedes manejar esta situación con eficacia y mantener la coherencia en tus normas sobre el tiempo frente a la pantalla? Veamos algunas estrategias.

- **Establece horarios claros para el tiempo frente a la pantalla:** En lugar de horarios poco claros, sé preciso. Di: "Tienes 30 minutos de pantalla antes de cenar". Este límite claro facilita que tu hijo lo entienda y que tú lo hagas cumplir. Es un enfoque equilibrado: tus hijos disfrutan de su tiempo frente a la pantalla y tú tienes un margen predecible para gestionar tus propias tareas.

- **Incentiva el tiempo frente a la pantalla:** Utiliza el tiempo frente a la pantalla como zanahoria para un comportamiento positivo. Define claramente qué tareas o comportamientos desbloquearán minutos adicionales de tiempo frente a la pantalla. Por ejemplo: "Termina tus tareas antes de las 5 de la tarde y gana 15 minutos extra de tiempo frente a la pantalla". Para que resulte atractivo y claro, ¿por qué no creas una tabla de "Recompensas de tiempo de pantalla"? Será un seguimiento visual y divertido para que tanto tú como tus hijos controlen los progresos y las recompensas.

- **Define zonas y horarios sin pantallas:** Sé firme sobre dónde y cuándo se prohíben las pantallas. Los dormitorios y las mesas de comedor deben ser zonas libres de pantallas. Además, reserva momentos sin pantalla, como las cenas familiares o la hora antes de acostarse. Esto no solo fomenta mejores rutinas de sueño, sino que también refuerza los lazos familiares.

- **Modela hábitos saludables frente a la pantalla:** Recuerda que los niños imitan lo que ven. Si les pides que se desconecten durante las comidas, asegúrate de poner el ejemplo. Apartar tus propios dispositivos no solo refuerza la regla, sino que también abre oportunidades para pasar más tiempo en familia.

Recuerda que tus reglas no necesitan ser extremas. Hazte algunas preguntas clave para asegurar que son equilibradas y eficaces:

- ¿Duerme mi hijo lo suficiente y come sano?
- ¿Mi hijo realiza actividad física a diario?
- ¿Mantiene mi hijo amistades y contactos sociales?
- ¿Pasa tiempo de calidad con la familia?
- ¿Mi hijo está al día con las tareas escolares y los deberes?
- ¿Participa en pasatiempos y actividades que le gustan?

Tu respuesta debe guiarte para establecer las pautas adecuadas: ni demasiado estrictas, ni demasiado permisivas. La idea es mantener un equilibrio.

CASOS PRÁCTICOS

- Acciones inteligentes para el tiempo frente a la pantalla

   ❖ **Ejemplo 1:** Tareas primero, jugar después

Sarah tenía una regla muy sencilla para su hijo Jake: terminar las tareas y luego jugar. Se aseguraba de que su lugar de estudio fuera cómodo y revisaba su trabajo a diario. Una vez terminados, Jake tenía 30 minutos de juego. Este truco convertía los deberes en algo fácil y el juego en una especie de premio.

   ❖ **Ejemplo 2:** La hora del cuento le gana a la hora de la pantalla

David y Emily cambiaron el tiempo que Lily pasaba en la tableta por acogedores cuentos para dormir. Lily elegía los libros, convirtiéndolo en un ritual divertido. Este intercambio no solo despertó el amor de Lily por los cuentos, sino que también la enviaba al país de los sueños, sonriente y relajada.

   ❖ **Ejemplo 3:** La hora de la comida es la hora de la familia

Tom y Lisa eliminaron las pantallas de la hora de la comida, dando paso a las charlas y las risas. Hicieron que todos participaran en la cocina y en poner la mesa, convirtiendo las comidas en un esfuerzo de equipo. ¿El resultado? Muchas risas y conversaciones de corazón a corazón con platos deliciosos.

❖ **Ejemplo 4:** Muévete más, mira menos

John introdujo un reto genial para Emma: ganar tiempo de pantalla manteniéndose activa. Ya fuera montando en bici, nadando o ayudando en casa, todo contaba. A menudo hacían equipo, con lo que la diversión era doble. Este nuevo juego hizo que Emma se moviera más y mirara menos su pantalla.

❖ **Ejemplo 5:** Aprende y juega

Amy convirtió el tiempo que Ben pasaba frente a la pantalla en una misión secreta de aprendizaje. Encontró aplicaciones geniales que hacían superdivertidas las matemáticas, la ciencia e incluso la codificación. Tenían un trato: aprender algo nuevo y luego discutirlo juntos. El tiempo que Ben pasaba frente a la pantalla se convirtió en un viaje de descubrimientos divertidos.

Recuerda que cada familia es única y que no existe una solución única para gestionar el tiempo frente a la pantalla. No dudes en modificar estas estrategias para adaptarlas al ritmo y las rutinas de tu familia. Ser flexible y estar abierto a adaptar estas ideas puede hacer que tu viaje por el tiempo frente a la pantalla sea aún más eficaz y agradable. Al fin y al cabo, encontrar el equilibrio adecuado depende de lo que funcione mejor para ti y para tus hijos.

ALTERNATIVAS AL TIEMPO FRENTE A LA PANTALLA

Hay un mundo de experiencias divertidas y de aprendizaje disponibles para ti y tus hijos fuera del tiempo frente a la pantalla. He aquí algunas alternativas:

- **Diversión al aire libre:** ¿Qué te parece cambiar el tiempo frente a la pantalla por tiempo al aire libre? Puede ser algo tan sencillo como una excursión en familia, un paseo en bici o un juego de pelota en el parque. No es solo ejercicio; es un montón de risas y una oportunidad de explorar juntos el mundo que les rodea.

- **Arte y manualidades:** Prepara un lugar en casa donde los niños y tú pueden hacer manualidades. Prueben a pintar con los dedos, hacer collages o construir algo con arcilla. Sean creativos y pásenlo en grande. Terminarán con obras de arte geniales y recuerdos aún más maravillosos.

- **Leer y contar cuentos:** ¿Qué tal una visita familiar a la biblioteca para elegir libros interesantes? O crea tu propia noche de cuentos en casa, en la que todos aporten su granito de arena a una gran historia familiar. Es una forma estupenda de dar rienda suelta a la imaginación y echarse unas risas juntos.

- **Juegos y rompecabezas:** Saca los juegos de mesa y los rompecabezas para divertirse como nunca. ya sea una carrera para resolver un rompecabezas o una batalla en el Monopoly, estos juegos son perfectos para un poco de competencia amistosa y mucha diversión.

- **Cocinar y hornear juntos:** Esto es mucho más que hacer comida: se trata de los momentos divertidos que pasarán juntos. Imagina a tus hijos metiendo las manos en la masa o midiendo los ingredientes. Incluso los niños pequeños pueden ayudar a cortar verduras con cuchillos aptos para niños pequeños que puedes encontrar en Internet. Les encantará participar y ver lo que pueden crear. Tu pandilla puede hacer un simple bocadillo, decorar pastelitos o crear una sopa nutritiva y deliciosa. Pero estos momentos son para reír, aprender y crear unos recuerdos increíbles juntos.

- **Jardinería:** Si tienes espacio al aire libre, ¿por qué no creas un pequeño huerto? Escarbar en la tierra, plantar semillas y verlas crecer no solo es fantástico, sino también muy satisfactorio, ¡sobre todo cuando puedes comer lo que has cultivado!
- **Ayudar a los demás:** Forma un equipo para prestar algún servicio a la comunidad. Puede ser cualquier cosa, desde ayudar en un banco de alimentos local hasta limpiar un parque. Es una forma estupenda de enseñar a los niños a retribuir y a trabajar juntos por una buena causa.

Cada una de estas actividades es una forma estupenda de divertirse, aprender y crear recuerdos sin pantallas. Se trata de aprovechar al máximo el tiempo juntos y crear recuerdos que durarán toda la vida.

RECURSOS ADICIONALES

Para obtener más orientación sobre la forma de manejar el tiempo frente a la pantalla y promover un desarrollo infantil saludable, considera la posibilidad de explorar estos valiosos recursos:

Recomendación de libro: La familia experta en tecnología: *Pasos cotidianos para poner la tecnología en su sitio*, de Andy Crouch - Este libro ofrece ideas y estrategias prácticas para que las familias naveguen por la era digital con prudencia.

Sitio web: Common Sense Media – Common Sense Media *(Medios de Comunicación con Sentido Común)* ofrece reseñas y recomendaciones de películas, programas de TV, juegos y aplicaciones apropiados para cada edad, ayudando a los padres a tomar decisiones informadas.

App: Screen Time Parental Control – Esta aplicación permite a los padres establecer límites de tiempo frente a la pantalla, hacer un seguimiento del uso del dispositivo y asegurar un equilibrio saludable entre el tiempo frente a la pantalla y otras actividades.

Recomendación de libro: *Reinicia el cerebro de tu hijo: Un plan de 4 semanas para acabar con las crisis nerviosas, subir calificaciones y potenciar las habilidades sociales invirtiendo los efectos del tiempo frente a la pantalla electrónica,* por Victoria L. Dunckley - El libro de la Dra. Dunckley ofrece un plan completo para restablecer el cerebro de un niño de los efectos del tiempo excesivo frente a la pantalla.

Sitio web: Zero to Three – Zero to Three proporciona recursos e información sobre el desarrollo de la primera infancia, incluidas orientaciones sobre el tiempo frente a la pantalla para bebés y niños pequeños.

App: Khan Academy Kids – Khan Academy Kids ofrece contenidos educativos para niños pequeños, promoviendo el aprendizaje mediante actividades interactivas.

Recomendación de libro: *La nueva infancia: Criando a los niños para que prosperen en un mundo conectado*, de Jordan Shapiro - Este libro explora cómo puede integrarse la tecnología digital en la vida de los niños para lograr un desarrollo positivo.

 ## Retos para los padres

Escenario: El padre/madre se da cuenta de que su hijo Max pasa muchas horas al día en su tableta. Frustrado, el padre le grita.

✓ Respuesta típica:

- Padre/madre (frustrado/a): "¡Siempre estás con esa tableta! ¿No puedes jugar afuera para variar?"
- Max (enfadado): "¡Déjame en paz!"
- Padre/madre (enfadado/a): "¡¿Cómo te atreves a hablarme así?!"
- Resultado: El padre le quita la tableta a la fuerza, dejando a Max resentido e incomprendido.

☺ **Respuesta consciente mejorada:** Aplica la Fórmula para No Gritar.

Paso 1: Habla sobre el problema

- Padre/madre (con calma): "Max, **me he dado cuenta** de que últimamente pasas mucho tiempo en tu tableta. Me preocupa verte tan pegado a la pantalla".
- Max: "Pero me gustan los juegos y los videos".

Paso 2: Explícale qué hacer la próxima vez

- Padre/madre: "Entiendo que son divertidas, pero demasiado tiempo frente a la pantalla no es sano para ti. Necesitamos reducirlo. **La próxima vez** probemos con una hora entre semana después de las tareas, y hasta dos horas los fines de semana. ¿Te parece razonable?"

- Max: "Es menos de lo que quiero, pero supongo que sí".

Paso 3: Discute las consecuencias

- Padre/madre: "Si no te ajustas a estos límites, tendremos que limitar más el uso de tu tableta, o podrías perder el acceso a ella durante un tiempo".

- Max: "De acuerdo, vigilaré el tiempo".

Paso 4: Confirma que lo haya comprendido

- Padre/madre: "¿Puedes decirme qué hemos acordado, para asegurarnos de que ha quedado claro?".

- Max: "Puedo utilizar la tableta durante una hora entre semana después de terminar mis tareas y dos horas los fines de semana. Si me paso, podría haber más restricciones o dejar de usarla".

- Padre/madre: "Correcto. Hago esto porque me preocupo por ti. Queremos que disfrutes de tu tiempo tanto dentro como fuera de la pantalla"

Escenario 1: Desafíos de limitar el tiempo con videojuegos

A Oliver, de 12 años, le cuesta dejar de jugar a los videojuegos incluso cuando se acaba el tiempo asignado. Cuando le dicen que

se ha acabado el tiempo de juego, a menudo se pone de mal humor y combativo.

✓ **Tu reacción típica:**

- Decirle a Oliver "Se acabó la hora del juego", pero él sigue jugando, ignorando tus palabras.
- Sentirte frustrado(a): "¡Nunca escuchas, Oliver!"
- Al final, acabas desenchufando la consola, lo que provoca una crisis y lágrimas.

☺ **Tu reacción ideal** utilizando la Respuesta Consciente en 4 Pasos:

1. **Habla sobre el problema-** Padre/madre (con calma): "Oliver, veo que te estás divirtiendo mucho con tu juego, pero acordamos una hora específica para jugar. Cumplir nuestro horario es importante".

2. **Explícales qué hacer la próxima vez-** Padre/madre: "Recuerda que acordamos una hora. Seguir esta regla es importante. Guardemos el juego y apaguémoslo juntos".

3. **Discute las consecuencias -** Padre/madre: "Sé que parar puede ser difícil, pero si no podemos cumplir nuestro acuerdo, tendré que establecer una nueva regla por la que la consola estará fuera de los límites durante unos días. No es algo que quiera hacer, pero es importante cumplir nuestros compromisos".

4. **Confirma que lo haya comprendido**
   - Padre/madre: "¿Puedes decirme cuánto se supone que dura tu tiempo de juego? ¿Y qué pasará si no lo cumples?".

- Oliver: "Si juego 1 hora, no podré jugar en los próximos días".
- Padre/madre: "Exactamente, y no quiero tener que hacer eso. Hagamos lo posible por cumplir la hora, ¿de acuerdo?".

Escenario 2: Responsabilidades incumplidas

Emma, de 10 años, se olvida constantemente de hacer sus tareas o deberes porque está absorta viendo vídeos de YouTube o clips de TikTok. Piensa en cómo sueles afrontar la situación y, a continuación, considera una respuesta más consciente.

Piensa en tu reacción típica y escríbela a continuación. Después considera una respuesta más consciente utilizando los 4 Pasos.

Tu reacción típica:

_____

_____

_____

_____

Tu reacción ideal utilizando la Respuesta Consciente en 4 Pasos:

_____

_____

_____

"TUS HIJOS SEGUIRÁN TU EJEMPLO NO TUS CONSEJOS".
- ANÓNIMO

@NOYELLINGPARENTINGTOOLBOX

CAPÍTULO 11

RABIETAS A LA HORA DE LA COMIDA

"Tus hijos seguirán tu ejemplo, no tus consejos."– Anónimo

Ahora, seamos realistas sobre algo que todos hemos experimentado – los berrinches a la hora de comer. Imagínate esto: has preparado con cariño una comida y has llamado a tus hijos a la mesa, esperando un cálido momento familiar. Pero, en lugar de una comida alegre, te saludan con quejidos y el consabido coro de "¡No voy a comer eso!".

Tal vez te preguntes: "¿Qué hago cuando mi hijo tiene un berrinche por no venir a la mesa o se niega a comer lo que el resto de la familia está cenando?". Aunque superar una cena sin rabietas pueda parecer imposible, en este capítulo aprenderemos a afrontar esas rabietas y a sobrellevarlas sin estallar.

CÓMO NO GRITAR

"¡No hables con la boca llena!" "¡Deja de jugar con el tenedor!" "¡Usa el tenedor, no las manos!" "¡No dejes caer eso!" "¡Devuélvelo!" "¿Por qué no escuchas?" ¿Te suena a la típica hora de la comida en tu hogar? Si estas frases te resultan demasiado familiares, quizá haya llegado el momento de reconsiderar cómo manejas los pequeños detalles en la mesa.

Con frecuencia, como padres, podemos quedarnos atrapados en los pequeños detalles: sentarse derecho, utilizar los cubiertos correctamente, no juguetear, limpiar inmediatamente los derrames o esas molestas migas del suelo. Claro que es frustrante, pero preguntémonos: ¿realmente necesitamos señalar cada pequeña cosa durante la comida? Es fundamental aprender a dejar pasar de vez en cuando los pequeños detalles. Enfadarse constantemente por cosas sin importancia puede crear un ambiente tenso y no suele ser eficaz.

Piensa en la última vez que levantaste la voz por un guisante que rodaba por el plato. ¿Sirvió de algo? La mayoría de las veces, solo consigue que todo el mundo se enfade, y puede acabar con los niños llorando. La forma en que hablas a tus hijos a la hora de la comida es muy importante. Una voz más amable y tranquila puede cambiar por completo el ambiente de la cena. Convierte la mesa en un lugar feliz, no estresante. De este modo, es más probable que los niños escuchen y disfruten de la comida, y tú también te sentirás mejor. Recuerda que una cena tranquila es algo más que una buena comida: se trata de cómo nos hablamos unos a otros.

Que los niños ensucien o sean un poco revoltosos en la mesa es normal. Estos comportamientos suelen mejorar a medida que crecen. Así que intenta que la hora de la comida sea alegre y sin estrés. Si los niños están deseando sentarse a la mesa con la familia, las probabilidades de que se produzcan altercados a la hora de la comida disminuyen de forma natural. Se trata de crear un ambiente feliz y relajado en el que todos puedan disfrutar de la comida y de la compañía de los demás.

CONSEJOS PARA LAS CRISIS COMUNES A LA HORA DE COMER

He aquí algunas situaciones comunes y consejos para cada una de ellas:

1. **Rehusar comer ciertos alimentos:**
   - Ejemplo: Tu hijo evita las verduras verdes como el brócoli o las espinacas.

- Consejo para padres: Sigue ofreciéndole estas verduras, pero sin presionarle. Sirve brócoli como guarnición o mezcla espinacas en un batido o en una salsa para la pasta. La constancia y la paciencia son importantes. A menudo hacen falta varias exposiciones para que un niño empiece a probar alimentos nuevos.

2. **Exigir solo alimentos específicos:**

   - Ejemplo: Tu hijo solo quiere comer nuggets de pollo todas las noches.

   - Consejo para los padres: Está bien empezar con sus comidas favoritas, pero intenta introducir un elemento nuevo junto a los conocidos. Por ejemplo, si es pasta con queso, añade cada vez una pequeña porción de una verdura nueva. Elógialo cuando lo pruebe y ten paciencia mientras sus papilas gustativas se adaptan.

3. **Rabietas por tocar alimentos:**

   - Ejemplo: Tu hijo se irrita si diferentes alimentos de su plato se tocan entre sí.

   - Consejo para los padres: Si a tu hijo le molesta que los alimentos se toquen, un plato dividido puede ayudarle. También puedes hacer que participe en la preparación de su plato, dándole una sensación de control. Con el tiempo, anímale a probar a mezclar un poco, pero respeta su ritmo y sus preferencias.

4. **Comida rápida vs. comida casera:**

   - Ejemplo: Tu hijo pide constantemente pizza en lugar de las comidas que preparas.

- Consejo para los padres: Anima a tu hijo a cocinar en casa contigo versiones sencillas y más sanas de sus platos favoritos de comida rápida. Puede ser una actividad divertida y les ayuda a apreciar el esfuerzo que supone preparar las comidas. Además, les empuja amablemente hacia unos hábitos alimentarios más sanos.

5. **La hora de la comida se convierte en la hora de la crisis:**

    - Ejemplo: Tu hijo suele llorar o enfadarse durante las comidas, negándose a comer.

    - Consejo para los padres: Si las emociones se disparan durante las comidas, intenta comprender los problemas subyacentes. Asegura una transición tranquila a la hora de la comida, quizás con una actividad tranquila previa. Aborda sus preocupaciones o frustraciones al margen de la hora de comer, para evitar que asocien la comida con el estrés.

6. **Resistirse a la rutina de la hora de comer:**

    - Ejemplo: Tu hijo prefiere picar a lo largo del día a sentarse a comer una comida completa.

    - Consejo para los padres: Si tu hijo se resiste a sentarse a comer, intenta que la hora de la comida sea más atractiva. Deja que te ayude con tareas sencillas, como poner la mesa o elegir lo que va a cenar. Bocadillos y comidas en las que todos se sientan juntos también pueden ayudar a establecer una rutina que esperarán y disfrutarán.

CÓMO PREVENIR LOS BERRINCHES A LA HORA DE COMER

Todos estamos de acuerdo en que las rabietas a la hora de comer pueden ser difíciles de manejar. Así que hablemos de estrategias para reducirlas y hacer que la hora de la comida sea un poco menos caótica y mucho más divertida.

1. Mantén una rutina

Los niños prosperan con la rutina. Cuando la cena es siempre a la misma hora, saben lo que les espera. Un cambio de horario por sorpresa puede ser tan chocante para ellos como lo sería para ti que te cancelaran la comida del trabajo justo cuando llegas al restaurante. Y aunque necesitan aprender a ser flexibles, las cosas irán mejor si puedes apegarte a una rutina lo más a menudo posible.

2. Los avisos previos ayudan

Imagina cómo te sentirías si estuvieras inmerso(a) en el último episodio de tu serie favorita de Netflix, al borde del asiento, cuando, de la nada, tu pareja apaga el televisor. Así se sienten los niños cuando se les aparta del juego para ir a cenar. Un aviso de cinco minutos es como si tu pareja te diera un suave codazo, diciendo: "Eh, la escena final está terminando. ¿Cenamos en cinco minutos? Te da tiempo para prepararte mentalmente para la siguiente escena: la hora de la comida. Así que, avisa a tu hijo para que se prepare para la cena diciéndole: "Tienes 10 minutos más para jugar" o "La comida estará lista en 5 minutos".

3. Sin presiones, por favor

No obligues a los niños a comer ni les ruegues que prueben un bocado más. Esto puede hacer que la hora de la comida sea una presión, no una diversión. En lugar de eso, haz que comer juntos sea un momento feliz que todos disfruten.

Si tu hijo tarda demasiado en comer o arrastra la comida por el plato, o bien no tiene hambre, o tal vez no le gusta la comida. Es mejor no hacer que comer parezca un gran problema. Di cosas como:

"No pasa nada si no te gusta esta comida. Quizá mañana podamos comer algo que te guste".

Además, no dejes que los niños tengan demasiados tentempiés antes de cenar. Así tendrán hambre y estarán listos para comer cuando llegue la hora. Si un niño no come mucho durante la cena y tiene hambre antes de acostarse, no pasa nada por darle algo pequeño y sano, como un plátano, una manzana o una zanahoria, rápidamente antes de lavarse los dientes. Indícale que es mejor que cene con la familia para que no tenga hambre cuando llegue la hora de dormir. Así aprenderán a participar en la comida, pero no se acostarán con hambre.

4. Elecciones, ¡elecciones!

Al igual que a los adultos, a los niños les gusta tener opciones. Preguntarles: "¿Prefieres rodajas de manzana o palitos de zanahoria?" les da sensación de control y les ayuda a desarrollar un sentido positivo de autonomía. Además, permitirles elegir lo que hay para cenar una o dos veces por semana les dará voz y les implicará en el proceso de la comida. Si pueden elegir, es más probable que devoren la comida.

5. Haz que la hora de la comida sea divertida

¿Quién dice que la cena tiene que ser "sentarse derecho y comer"? Necesitamos relajarnos y añadir un poco de diversión a la comida. Hagamos que se parezca más a una mini-fiesta. Aunque los niños no necesitan ser salvajes en la mesa, si a alguien se le cae la comida o derrama una bebida, no montes un gran escándalo. Olvídate de los sermones y céntrate en disfrutar de la comida y de la compañía de los demás. Haz a tus hijos preguntas juguetonas sobre la comida, convirtiendo cada bocado en una pequeña aventura. Pregúntales por su día o por su programa favorito de la tele. Mantén las cosas ligeras y positivas: nada de regaños, sino sonrisas. De este modo, la cena se convierte en un momento esperado por todos, lleno de buena comida y aún mejores vibraciones. Recuerda que la meta es una comida feliz y sin estrés, no unos modales perfectos en la mesa.

Escenario: Durante la cena, Emma entra en modo rabieta tirando la comida al suelo. El padre se frustra y empieza a gritar.

✓ **Respuesta típica:**

- Padre/madre: "¿Por qué te comportas siempre así? No te portas bien durante las comidas. Estoy harto(a) de que esto ocurra siempre".

- Emma: "Pero yo no quiero comer. ¿Por qué me obligas?"
  Padre/madre: "¡Cállate! Vete a tu habitación AHORA!"

Emma es enviada a su habitación sin cenar, dejándola disgustada y confusa.

☺ **Respuesta Consciente Mejorada:** Aplica la Fórmula para No Gritar.

Paso 1: Habla sobre el problema

- Padre/madre: "Emma, **veo** que estás tirando la comida al suelo durante la cena. Así no nos comportamos cuando comemos, y me entristece ver cómo se desperdicia la comida".

- Emma: "No quería comer la comida. No me gusta".

Paso 2: Explícale qué hacer la próxima vez

- Padre/madre: "Entiendo que no siempre te guste lo que tienes en el plato, pero en vez de tirarlo, puedes decirme tranquilamente: 'No estoy segura de esta comida', y podemos hablar de ello o encontrar otra cosa que prefieras. ¿Puedes intentarlo **la próxima vez**?"

- Emma: "Sí, puedo intentarlo".

Paso 3: Discute las consecuencias

- Padre/madre: "Si sigues haciendo berrinches o tirando comida, perderás un privilegio, como tus bocadillos para dormir. Es importante apreciar la comida que tenemos y evitar desperdiciarla. Queremos que la cena sea un momento agradable para todos. ¿Lo entiendes?"

- Emma: "No quiero perderme mis golosinas".

Paso 4: Confirma que lo haya comprendido

- Padre/madre: "¡Genial, Emma! Para asegurarme de que lo has entendido, ¿puedes decirme de qué acabamos de hablar?".

- Emma: "Si no quiero comer algo, debo decirlo con calma, no tirar la comida. Si vuelvo a portarme mal, no me darán golosinas antes de acostarme. Y debo dar las gracias por mi comida".

- Padre: "Así es, Emma. Me alegro de que lo entiendas".

Recuerda que algunos días serán más suaves que otros, lo cual está totalmente bien. La meta es crear un ambiente positivo en el que comer no sea una tarea, sino un acto que nutra el cuerpo y enriquezca los lazos familiares.

Entrenamiento de reacción

Escenario 1: Pelea de espaguetis

Ethan, de cuatro años, suele tener rabietas durante la cena cuando le sirven espaguetis. Se niega a comerlos y pide nuggets de pollo.

✓ **Tu reacción típica:**

- Intentar convencer repetidamente a Ethan de que se coma sus espaguetis, lo que a menudo intensifica la pataleta.
- Sentirte frustrado y decir: "Ethan, tienes que comerte los espaguetis. Es lo que tenemos para cenar".
- Acabar cediendo y sirviendo nuggets de pollo para evitar el berrinche.

☺ **Tu reacción ideal** con la Respuesta Consciente en 4 Pasos:

1. **Habla sobre el problema-** Padre/madre (tranquilamente): "Ethan, veo que no te hace mucha gracia que esta noche comamos espaguetis. No pasa nada por preferir unas comidas a otras".

2. **Explícales qué hacer la próxima vez-** Padre/madre: "Pero es importante que probemos lo que se sirve durante la cena. Nos ayuda a disfrutar de alimentos diferentes y a mantenernos sanos. La próxima vez, probemos un bocado pequeño antes de decidir si nos gusta o no".

3. **Discute las consecuencias -** Padre/madre: "Si seguimos enfadándonos por las comidas, tendremos que dejar de comer postre. Creo que puedes probar los espaguetis sin enfadarte demasiado".

4. **Confirma que lo haya comprendido**

- Padre/madre: "¿Podemos repasar la regla de la cena? ¿Y qué pasa si tenemos problemas a la hora de comer?".

- Ethan: "Debo intentar comer lo que hay en el plato, y si armo un escándalo, nada de postre después".

- Padre/madre: "Exacto, Ethan. Vamos a esforzarnos con los espaguetis, ¡puede que te gusten!".

Escenario 2: Tirar utensilios o comida

Cuando está frustrado, Lucas, que tiene 5 años, a veces tira el tenedor o incluso tira la comida por la mesa. Analiza tu reacción típica y anótala a continuación. Después, considera una respuesta más consciente utilizando los cuatro pasos demostrados anteriormente.

Tu reacción típica:

___

___

___

___

Tu reacción ideal utilizando la Respuesta Consciente en 4 Pasos:

___

___

___

___

"RECUERDA, TU VOZ SE CONVIERTE EN LA VOZ DE TU HIJO; ELIGE PALABRAS QUE GUÍEN, NO PALABRAS QUE HIERAN".
- ANÓNIMO

@NOYELLINGPARENTINGTOOLBOX

CAPÍTULO 12

BATALLAS A LA HORA DE ACOSTARSE

"Recuerda, tu voz se convierte en la voz de tu hijo; elige palabras que guíen, no palabras que hieran."– Anónimo

La hora de acostarse, ese momento mágico en el que se supone que el día debe terminar pacíficamente, a menudo se convierte en una aventura salvaje para los padres. Muchos padres se enfrentan a batallas con sus hijos a la hora de irse a la cama, un problema común destacado por expertos en sueño infantil y pediatras. Si solo pensar en la hora de acostarse te estresa, no te preocupes, no estás solo. La hora de irse a dormir puede ser dura. Yo también he pasado por eso.

He aquí un poco de mi historia. Mi reto era conseguir que mi hijo se durmiera solo. Mi marido y yo trabajábamos muchas horas, pero mi hijo se aferraba a mí como un koala a la hora de dormir. Imagínate esto: es tarde, los dos estamos cansados, y él insiste en mi compañía para dormirse. La frustración era real.

Probablemente tengas tus propias historias a la hora de dormir. Puede que tu hijo se haya convertido en un ninja de la hora de acostarse, escabulléndose de la cama cuando no estás mirando. O quizá la hora de acostarse se ha convertido en una mesa de negociación con un millón de preguntas o peticiones. Si estás harto de estas batallas a la hora de dormir, no te preocupes. Este capítulo te dará herramientas para que la hora de acostarse sea pan comido

¡No me quiero dormir!

POR QUÉ SE PRODUCE LA BATALLA A LA HORA DE DORMIR

Todos los padres saben que a veces la hora de acostarse puede parecer un enfrentamiento. Pero recuerda que siempre hay una razón detrás de las acciones de tu hijo. La lucha a la hora de irse a dormir puede deberse a problemas de sueño, a aspectos del comportamiento o a una mezcla de ambos. Profundicemos en las posibles razones para arrojar algo de luz sobre lo que ocurre cuando llega la hora de irse a la cama.

✓ Cansancio excesivo:

¿Has visto alguna vez a tu hijo saltar por las paredes a la hora de acostarse y has pensado: "¿Esto es lo que se siente con un espresso doble?". Resulta que cuando los niños están muy cansados, no siempre se desmayan – sino que a veces van a mil por hora. Sus pequeños cuerpos reaccionan produciendo adrenalina, lo que les hace parecer más activos que cansados.

✓ Sobrecarga de la hora de la siesta:

Al igual que nosotros, si los niños duermen demasiado tarde durante el día, la hora de acostarse se convierte en una batalla. Esa siesta tardía puede dejarles demasiado descansados, haciendo que las 7 de la tarde les parezca más la mitad de la tarde que la hora de acostarse.

✓ Resistencia a la hora de dormir:

No podemos negarlo: para los niños, jugar es más divertido que dormir. Ven la hora de acostarse como el final de su diversión, así que hacen todo lo posible por resistirse. Además, algunos niños temen a la oscuridad o dormir solos, lo que hace que la hora de acostarse sea aún menos atractiva.

✓ Accesorios para dormir:

Los accesorios para dormir son cosas que tus hijos necesitan o de las que dependen para conciliar el sueño. Los niños, como el resto de nosotros, pueden engancharse a ciertos rituales del sueño. Ya sea un chupón, una manta favorita o incluso los paseos en coche, estas ayudas para dormir pueden ser de gran ayuda. Pero la dependencia de ellos puede dificultar que los niños se duerman sin su ritual habitual.

✓ El deseo de conexión:

Reconocer la necesidad de conexión supone un cambio de juego en la relación con tu hijo. Al igual que con mi hijo, que se resistía a irse a la cama a su hora solo para pasar más tiempo conmigo tras un largo día en la guardería, es la forma que tiene el niño de decir: "Quédate un poco más; conectemos". El objetivo no es retrasar la hora de acostarse, sino buscar esa conexión profunda y reconfortante que han echado de menos durante todo el día. Velo como una invitación a hacer una pausa, comprender el mundo de tu hijo y responder con amor y la presencia que anhela.

CREA UN SISTEMA DE RELAJACIÓN

Después de cenar, ¿tu casa retumba con el torbellino de la noche? Los platos amontonados, las listas de tareas para mañana, y quizá los niños pegados a la pantalla mientras haces malabarismos con el caos. Estás en una carrera mental: almuerzos que preparar, baños que dar, dientes que cepillar. Todo es una carrera contrarreloj y, antes de que te des cuenta, estás llevando a los niños a la cama a una velocidad frenética.

Pero luego, están bien despiertos, y te quedas preguntándote: "¿Por qué no están tan cansados como yo?". Puede que sientas la tentación de insistir: "¡A dormir, ya!". Pero en el fondo, sabes que no es tan sencillo.

Todos estamos saturados, sobre todo cuando ambos padres trabajan a tiempo completo. Pero nadie quiere esa batalla nocturna de voluntades, ese ciclo de estrés que se repite. Es hora de cambiar.

Así que tómate un momento. Cuando tus hijos estén saltando por las paredes a la hora de acostarse, haz una pausa y analiza la escena. ¿Hay demasiada luz en la habitación? ¿El televisor sigue parloteando? ¿Hay juguetes y tentempiés esparcidos por la habitación? ¿Se han revisado los rituales de la hora de acostarse, como el baño caliente o el cepillado de dientes?

En lugar de frustrarte con tus pequeños búhos nocturnos, piensa en preparar el terreno para el sueño. Una hora de acostarse tranquila no consiste en exigir que se apaguen las luces. Se trata de crear un refugio que susurre: "Es hora de relajarse". Una habitación en penumbra, un fondo tranquilo y una rutina calmada pueden marcar la diferencia. Recuerda que no se trata de apresurarse a dormir, sino de hacerlo con calma. Cambiemos el ajetreo de la hora de dormir por la armonía de la hora de dormir.

LO QUE LOS NIÑOS QUIEREN

Aunque hemos hablado brevemente de la necesidad de conexión justo antes de acostarse, vale la pena mencionar aquí que las conexiones son como tu superpoder de padre/madre. Tus hijos son más receptivos y cooperativos cuando se sienten conectados contigo. No se trata solo de conseguir que sigan instrucciones; se trata de llenar su copa emocional, de hacer que se sientan vistos y valorados.

1. Tiempo de calidad

Los niños suelen apreciar los momentos sencillos que pasan con sus padres. Lo importante no es la cantidad de tiempo, sino la calidad. No necesitas horas; incluso 5-10 minutos de tiempo de calidad dedicado pueden marcar una gran diferencia. Ya sea un juego rápido de escondite, una partida de piedra, papel o tijeras, o cualquier juego sencillo, estos momentos importan. Estar presente significa algo más que estar en la misma habitación: significa estar allí con el corazón y la mente. Intenta dedicar un rato de cuentos cada noche o una noche semanal de juegos en familia. Estos son los momentos que los niños recuerdan y atesoran, los que les demuestran que son verdaderamente importantes en tu vida.

2. Escúchales

Como adultos, es tentador acortar las historias de nuestros hijos con nuestros consejos "experimentados". Creemos que sabemos más porque hemos pasado por lo mismo. Pero recuerda que a los niños les gusta que les escuchen. Quieren expresarse sin que se les ofrezcan soluciones inmediatas. Así que, la próxima vez, simplemente escucha. Deja que despotriquen, se desahoguen y descarguen sus sentimientos. Tu paciencia al escuchar puede construir una base de confianza y comprensión para el futuro.

3. El poder del elogio

Tus palabras tienen peso. En lugar de un "bien hecho" genérico, sé específico. Fíjate en sus esfuerzos y coméntalos. Si tu hijo ordena sus juguetes, dile: "¡Qué organizado eres! Gracias por hacer que nuestra casa esté ordenada". O si los comparte con un amigo, dile: "Has sido muy amable al compartir tus juguetes. Eres un gran amigo". Estos momentos de reconocimiento son como un rayo de sol para su autoestima, que alimenta a un niño feliz y seguro de sí mismo.

Estos pequeños pero significativos gestos de aprecio refuerzan su autoestima y crean un ambiente positivo en casa. Tus palabras amables se convierten en los cimientos de su confianza y felicidad.

Recuerda que lo más importante no es la cantidad de tiempo, sino la calidad de tu presencia y la calidez de tus palabras.

RUTINAS PARA UN SUEÑO TRANQUILO

Siguiendo con la idea de crear un ambiente propicio para el sueño, es hora de profundizar en la tranquila rutina de la hora de acostarse. Imagina esas noches en las que tus pequeños se deslizan hacia el país de los sueños sin esfuerzo, dejándote un rato de serenidad "para mí". Puede parecer un final de cuento para algunos, pero está al alcance de todos.

Crear una hora de acostarse tranquila no es solo pedir un deseo a una estrella: es un arte y una ciencia combinados. El ajetreo y el bullicio del día pueden convertirse en una noche tranquila con los toques adecuados. A continuación te explicamos cómo conseguir que esa tranquila rutina a la hora de dormir no sea solo un sueño, sino la realidad de tu familia:

- **Empieza con una sesión de acurrucamiento**

Prepara el escenario para una noche tranquila con un reconfortante "ritual del abrazo". Esta acogedora rutina podría incluir actividades como leer un libro favorito, dar un suave masaje o poner música tranquila. Estas actividades tranquilizadoras son tu delicada señal de que se acerca la hora de acostarse. Se trata de envolver el día con un manto de amor y calma, preparando a tu hijo para una noche de dulces sueños.

- **Encuentra tu ritmo diario**

Todas las familias son únicas. Si eres de los que vuelven tarde del trabajo, puede que acostarse a las 7 de la tarde no sea realista. No pasa nada por cambiar el horario para adaptarlo a tus necesidades. Sin embargo, la clave es la consistencia. Aunque la hora de acostarse de tus hijos sea más tarde, haz que sea la misma todas las noches. Cuando se adapten a ese horario, sabrán a qué atenerse y les resultará más fácil estar preparados.

- **Escucha y reconoce los sentimientos**

Los niños pueden tardar en irse a la cama porque tienen algo en la mente. Pueden ser preocupaciones de la escuela o una pequeña riña con un amigo. Tómate un momento para escuchar de verdad. en estos minutos de silencio, no eres solo un padre/madre; eres un espacio seguro para sus pensamientos y temores. Cuando se sienten escuchados, su cerebro se relaja, lo que facilita que se duerman.

- **Mantente lo más aburrido(a) posible**

Cuando llega la hora de acostarse, es hora de cambiar de Padre Divertido y Juguetón a Padre Nocturno. Esto puede parecer duro, pero es realmente importante para ayudar a tu hijo a dormirse. Una vez le hayas dicho buenas noches, intenta ser lo más tranquilo y sencillo que puedas. Si necesitas volver a llevar a tu hijo a la cama, di algo como: "Te quiero, es hora de irse a la cama".

Intenta no establecer mucho contacto visual y mantén el rostro tranquilo. Prestar demasiada atención, aunque sea solo hablar o mirar, puede hacer que tu hijo quiera quedarse despierto más tiempo. No te preocupes, esto no durará siempre. Pronto tu hijo se acostumbrará y la hora de acostarse será más fácil para todos.

Unos pequeños cambios pueden hacer que la hora de acostarse deje de ser una molestia y se convierta en algo especial. No se trata de perfección, sino de terminar el día con paz y amor. Con una pizca de paciencia y mucho corazón, esas luchas a la hora de acostarse pueden convertirse en noches tranquilas y estrelladas con dulces sueños.

Escenario: Mia, de cuatro años, se ha negado a irse a la cama. Empezó a llorar a gritos, y el padre/madre gritó en respuesta a su mal comportamiento.

✓ Respuesta típica:

- Padre/madre: "¡Ya basta! ¡Todas las noches el mismo drama! ¡Vete a la cama YA!"
- Mia: "Siempre me gritas. Nunca juegas. ¡Odio esto!".

- Padre/madre: "¡Tu comportamiento me saca de quicio! Te comportas como una niña malcriada. ¡No puedo soportarlo!".

Esta reacción solo intensificará los llantos de Mia y hará que la hora de acostarse sea más desafiante.

☺ **Respuesta Consciente Mejorada:** Ante la resistencia de Mia a irse a la cama, el padre o la madre adopta un enfoque tranquilo con la Fórmula de No Gritar.

Paso 1: Habla sobre el problema

- Padre/madre: "**Veo que** la hora de acostarse ha sido muy dura últimamente, con muchos llantos y sin querer irse a la cama. Si no tienes sueño, llorar a gritos no es la forma de hacerlo. Busquemos una forma mejor, ¿de acuerdo?".

- Mia: "Pero no estoy cansada. Aún no quiero dormirme".

Paso 2: Explícale qué hacer la próxima vez

- Padre/madre: "Lo entiendo, cariño. Así que, si no tienes sueño, **intentemos algo diferente**. En vez de llorar, hablemos de ello con calma. Tal vez un cuento corto antes de acostarte podría ayudarte. ¿Qué te parece?"

- Mia: "¿Puedo leer un rato, entonces?".

Paso 3: Discute las consecuencias

- Padre/madre: "Por supuesto, un rato de lectura está bien. Pero recuerda, si la hora de acostarte se convierte en un gran alboroto, puede que tengamos que empezar antes la rutina de acostarse para asegurarnos de que duermes lo suficiente. No queremos que estés cansada y de mal humor por la mañana, ¿verdad?".

– Mia: "No, no quiero estar gruñona".

Paso 4: Confirma que lo haya comprendido

– Padre/madre: "Perfecto. Ahora, para asegurarnos de que estamos en la misma línea, ¿cuál es nuestro acuerdo sobre la hora de acostarnos?".

– Mia: "Si no estoy lista para dormir, lo pediré amablemente en vez de llorar. Si me quejo, me acuesto antes. Necesito dormir para no estar de mal humor".

– Padre: "¡Eso es, Mia! Dormir bien es importante para todos". Por supuesto, habrá noches en las que las cosas no salgan según lo previsto: alguna que otra petición de un vaso de agua, alguna rabieta ocasional y esos momentos en los que parece que las cosas no se calman. Pero con lo que hemos tratado en este capítulo, estarás mejor preparado(a) para manejar las rabietas a la hora de dormir.

Entrenamiento de reacción

Escenario 1: Miedo a estar solo

Cada vez que Nathan se acuesta, expresa miedo a los monstruos o a las sombras de su habitación, lo que hace que necesite que uno de sus padres se quede con él hasta que se duerma.

✓ **Tu reacción típica:**

- Asegurar repetidamente a Nathan que no hay monstruos, lo que no parece aliviar su miedo.
- Sentirte agotado(a) y decir: "Nathan, no hay nada que temer. Necesitas dormir en tu cama."
- Al final, quedarte con él hasta que se duerma para evitarle un disgusto.

☺ **Tu reacción ideal** utilizando el Enfoque Consciente en 4 Pasos:

1. **Habla sobre el problema-** Padre/madre: "Nathan, **veo que** te asustan mucho los monstruos y las sombras de tu habitación. No pasa nada si a veces sentimos miedo."

2. **Explícales qué hacer la próxima vez-** Padre/madre: "Pero recuerda, nuestra casa es segura y esos monstruos solo están en los cuentos. **La próxima vez** que tengas miedo, intenta abrazar a tu osito de peluche y recuerda que está ahí para protegerte. También podemos revisar juntos si hay monstruos antes de acostarnos para asegurarnos de que se han ido todos".

3. **Discute las consecuencias -** Padre/madre: "Si pasamos demasiado tiempo preocupándonos por los monstruos, puede que no tengamos tiempo suficiente para nuestro antes de dormir. Es importante confiar en que tu habitación es un lugar seguro para que puedas dormir bien y estar listo para divertirte mañana".

4. **Confirma que lo haya comprendido**
   - Padre/madre: "¿Puedes decirme qué podemos hacer si te dan miedo los monstruos a la hora de dormir?"

- Nathan: "Revisar contigo mi cuarto en busca de monstruos, abrazar a mi osito de peluche e intentar dormir. Si aun así me asusto y no puedo dormir, podríamos saltarnos el cuento antes de dormir".

- Padre/madre: "Exactamente, Nathan. Recuerda que tu habitación es segura y que eres un niño valiente. Intentémoslo esta noche y seguro que tendrás dulces sueños".

Escenario 2: Regresión al sueño

Leo, de dos años, solía dormir toda la noche, pero ahora de repente se despierta varias veces, llorando o queriendo jugar. Piensa cuál sería tu reacción típica y escríbela a continuación. Después, considera cuál sería un enfoque más consciente utilizando los 4 pasos enumerados anteriormente.

Tu reacción típica:

_____

_____

_____

Tu reacción ideal utilizando la Respuesta Consciente en 4 Pasos:

_____

_____

_____

PARTE 4

REFLEXIONES FINALES

Al llegar a la última parte de este libro, es hora de reflexionar sobre nuestro viaje hasta ahora. Esto no es el final, sino el principio de mejores formas de manejar nuestras emociones, de interactuar con nuestros hijos, de comprenderlos y de crecer junto a ellos más pacíficamente.

No podemos negarlo; la paternidad es un viaje en constante evolución con retos y éxitos. Es un camino que se pavimenta mejor con amor incondicional, paciencia y aprendizaje diario. Sí, hemos explorado varias herramientas y estrategias, pero debes saber que la verdadera esencia de la crianza está en el vínculo único que compartimos con nuestros hijos. Recuerda que la paternidad no es algo que sirva para todos. Nuestros hijos son únicos, y lo que funciona para uno puede no funcionar para otro. Aprendamos a escuchar más, a adaptarnos y a estar presentes para descodificar sus mensajes y responder con calma.

"EL AMOR INCONDICIONAL ES QUERER A TUS HIJOS POR LO QUE SON, NO POR LO QUE HACEN... NO ES ALGO QUE VAYAS A CONSEGUIR CADA MINUTO DE CADA DÍA. PERO ES EL PENSAMIENTO QUE DEBEMOS MANTENER EN NUESTROS CORAZONES CADA DÍA".
– STEPHANIE MARSTON

@NOYELLINGPARENTINGTOOLBOX

CAPÍTULO 13

AMA A TU HIJO(A)

"El amor incondicional es querer a tus hijos por lo que son, no por lo que hacen... No es algo que vayas a conseguir cada minuto de cada día. Pero es el pensamiento que debemos mantener en nuestros corazones cada día."– Stephanie Marston

Pensemos en lo que significa realmente amar a tu hijo(a). No se trata solo de grandes abrazos y *"te quieros"*. Se trata de comprender las pequeñas cosas que hacen y por qué las hacen. En este capítulo vamos a entrar en el meollo de la cuestión. Querer a nuestros hijos es algo más que darles cariño; se trata de *entenderlos de verdad*, pero también de cuidarnos a nosotros(as) mismos(as) para poder estar ahí para ellos.

TODO COMPORTAMIENTO ES COMUNICACIÓN

¿Alguna vez has oído o leído en alguna parte que el comportamiento es comunicación? Algo importante que no debemos olvidar nunca es que cada pequeña cosa que hacen nuestros hijos es su forma de hablarnos. Cuando profundizamos y nos damos cuenta de esto, de repente veremos que sus risitas, rabietas, lágrimas y miradas tienen más sentido.

Todo comportamiento es comunicación

Imagina a Max, tu pequeño constructor, construyendo con pasión un imponente castillo de bloques. Pero en un instante, este se derrumba. ¿La reacción de Max? Les da una buena patada a los bloques. Los métodos de la vieja escuela podrían requerir un tiempo fuera, pero vamos a enfocar esto de otra manera. La patada de Max no es una simple travesura. Es su forma de decir: "¡Esto es muy frustrante!". No tiene palabras para expresar: "¡Estoy enojado porque esto es difícil!".

Cuando Max se enfade, en vez de perder la calma, tómate un momento. Es tu oportunidad de oro para enseñarle formas más sanas de afrontar los contratiempos. ¿Quieres que la próxima vez se repita la patada en los bloques? De ninguna manera. Le estás guiando para que maneje mejor sus sentimientos. No es un momento para castigar, sino para enseñarle resiliencia y a expresar sus emociones con palabras.

Ahora, imagina la hora de la cena con Emma y su enfrentamiento con los guisantes. El viejo guion podría requerir un planteamiento del tipo "cómete tus guisantes o si no...". Pero reconsiderémoslo. No se trata de obligarla a comer guisantes, sino de hablar de verdad sobre la comida.

Conviértelo en un juego. Haz que Emma pruebe un guisante y luego valore su sabor, tal vez en una escala del uno al diez. Es una forma divertida y sin presiones de interactuar con su comida. O ponla manos a la obra en la cocina. Los niños que cocinan suelen estar ansiosos por probar sus creaciones culinarias. Esto tiene menos que ver con comer guisantes y más con aprender, explorar y comprender la comida.

"Sin Gritar" Guía de Herramientas para Padres consiste en ver esos momentos cotidianos no como batallas, sino como oportunidades para conectar y enseñar. Se trata de pasar del "Porque lo digo yo" al "Resolvámoslo juntos". Cada rabieta, rechazo obstinado o retroceso es un paso hacia la comprensión y el crecimiento mutuos. Se trata de ver las cosas desde la perspectiva de su pequeño mundo. No se están poniendo difíciles, sino que se están comunicando a su manera.

Cuando empecemos a ver el comportamiento de nuestro hijo como una comunicación, nuestro enfoque de la crianza cambiará. Pasaremos de intentar controlar su comportamiento a llegar a la raíz de lo que nuestros hijos necesitan y sienten. Con este conocimiento, no te limitarás a resolver el problema, sino que establecerás una base sólida de confianza y comprensión.

NO TE LO TOMES COMO ALGO PERSONAL

Ser padre/madre es duro, no cabe duda. Hay días en que todo parece convertirse en un gran problema para tu hijo, como cuando decide que el brócoli es lo peor del mundo. Es fácil empezar a cuestionarte a ti mismo o a tu forma de criar en esos momentos difíciles, preguntándote por qué tu hijo no puede estar tranquilo como el hijo del vecino. Tal vez te encuentres tecleando frenéticamente preguntas en Google, buscando artículos sobre niños quisquillosos con la comida o navegando en YouTube e Instagram buscando consejos sobre la crianza de los hijos.

Pero aquí está el asunto: no se trata de ti ni de tus habilidades como padre. Los niños son niños. Cuando Sam decide que no le gustan las verduras, no está diciendo que cocines mal. Simplemente está averiguando lo que le gusta y lo que no.

Así que, cuando las cosas se acaloren y Sam diga algo ofensivo, recuerda que no está intentando disgustarte. Solo intenta expresar cómo se siente. Es tu oportunidad de enseñarle la forma correcta de hablar, incluso cuando está enfadado. Puedes decirle: "Sé que estás furioso, pero no debemos insultarnos. Podemos hablar de lo que te molesta".

Y si a Sam no le entusiasma ir a la escuela, no pasa nada. Muéstrale que lo entiendes y haz un trato, como: "Sé que hoy preferirías quedarte en casa. ¿Qué tal si planeamos algo divertido para después de la escuela?".

Recuerda que el comportamiento de tu hijo no es una calificación sobre tu forma de criarlo. Forma parte del crecimiento. Si mantienes la calma y demuestras que comprendes, le enseñas a tu hijo a manejar sentimientos y situaciones difíciles. Cada momento difícil es una oportunidad para ayudar a tu hijo a aprender y crecer, y es una oportunidad para que tú también crezcas. Lo estás haciendo muy bien como padre/madre, así que no te lo tomes como algo personal.

ENFÓCATE EN TI MISMO(A)

Hablemos de una pieza súper importante y a menudo olvidada del rompecabezas de la paternidad: **cuidar de ti**. Así es, eres algo más que solo Mamá o Papá. ¡Tú también eres una persona que necesita cariño!

¿Has tenido alguna vez una de esas mañanas sin haber dormido nada? Tú sabes, cuando el café no hace efecto, y todo parece una batalla cuesta arriba. A tu hijo se le caen los cereales y, en vez de encogerte de hombros, estás a punto de arrancarte los cabellos. Y es que funcionar con el tanque vacío hace que todo, incluida la crianza de los hijos, parezca una tarea gigantesca.

Ahora, imagina una mañana diferente. Has empezado con unos estiramientos o una caminata rápida. Te sientes como un superhéroe. Se vuelven a derramar los cereales, pero esta vez sonríes, los limpias y hasta bailas un poco. ¿Qué ha cambiado? Te has tomado un poco de tiempo para cargar las pilas.

Chequeo de salud mental: Si te encuentras navegando por las redes sociales y deprimido porque todo el mundo parece tenerlo todo controlado, pulsa el botón de pausa. Recuerda que las redes sociales son como mirar la vida con lentes de color de rosa – todo *parece* perfecto, pero en realidad no es la imagen completa. En lugar de eso, busca cosas que realmente te hagan feliz y te llenen, no solo cosas que parezcan bonitas en una pantalla.

Redefinamos las rutinas a la hora de dormir, centrándonos en las tuyas, no solo en las de los niños. No se trata de evitar el tan habitual atracón de Netflix (aunque reservarlo para una actividad especial del fin de semana puede convertir una noche normal en un mini-evento). Se trata de crear un ritual para irse a dormir que calme la mente y prepare el cuerpo para el descanso, ofreciendo un giro único a lo cotidiano.

Considera la posibilidad de empezar con algo poco convencional pero sencillo: *un tarro de gratitud*. Dedica unos minutos cada noche a escribir una o dos cosas por las que estés agradecido en pequeños trozos de papel y échalos en el tarro. Esta práctica no solo desvía tu atención de las tensiones cotidianas, sino que también establece un tono positivo para el día siguiente.

A continuación, integra un poco de *relajación aromática*. Los aceites esenciales como la lavanda o la manzanilla pueden ser calmantes y son una forma sencilla y eficaz de indicar a tu cuerpo que es hora de relajarse. Unas gotas en un difusor o en la almohada pueden marcar la diferencia.

¿Qué tal una *meditación a la luz de la luna*? Si el tiempo lo permite, pasa unos minutos al aire libre bajo el cielo nocturno. Esta conexión con la naturaleza puede ser increíblemente reconfortante y una forma serena de terminar el día.

Por último, crea *un espacio nocturno para novelas* – un rincón acogedor dedicado a la lectura nocturna. Pasar del tiempo frente a la pantalla al tiempo de lectura con un libro físico puede mejorar significativamente tu capacidad para conciliar el sueño. Elige géneros ligeros y edificantes que alejen tu mente de las preocupaciones del día.

Pon en práctica estos pasos, no necesariamente todas las noches, pero quizá una o dos veces por semana para empezar. Están pensados no solo para dormir mejor, sino para terminar el día con más tranquilidad y atención. Este enfoque ofrece una nueva perspectiva de la rutina nocturna, convirtiéndola en algo que puedes esperar con ilusión en lugar de en una obligación.

En pocas palabras, centrarse en ti mismo(a) es asegurarse de que no solo estés subsistiendo, sino prosperando. Cuando te sientes bien, eres un(a) superpadre/supermadre, listo(a) para afrontar cualquier cosa, desde rabietas hasta fiestas de té con ositos de peluche, con una sonrisa. Cuidarte no solo es bueno para ti, sino para toda tu familia. Así que si quieres ser un padre feliz y sano, y tener igualmente un hogar feliz y sano, recuerda ponerte a ti mismo en la lista de cosas por hacer.

"NO SE TRATA DE SER UN PADRE/MADRE PERFECTO(A), SINO SER UN PADRE/MADRE PRESENTE Y COMPASIVO(A)".
— ANÓNIMO

@NOYELLINGPARENTINGTOOLBOX

CAPÍTULO 14

FELICES JUNTOS

"No se trata de ser un padre/madre perfecto(a), sino ser un padre/madre presente y compasivo(a)." – Anónimo

La frase "felices juntos" enternece el corazón al instante, ¿verdad? Se trata de esos momentos sencillos y sinceros. Como cuando Jack, de 4 años, se apresura a darte el abrazo más fuerte en cuanto entras por la puerta.

que entras por la puerta, o cuando Mia, de 7 años, te mira con esos ojazos y te susurra: "Eres la mejor mamá del mundo", haciendo que el corazón te dé un vuelco. Y no olvides a Jackson, de 12 años, que te entrega una tarjeta de cumpleaños hecha por él mismo, y cada palabra escrita a mano te llena de orgullo y alegría. Puede que estos momentos no salgan en las noticias de la noche, pero son los mejores, los recuerdos que perduran mucho después de acabar el día.

Sin embargo, admitámoslo, la paternidad no es todo sol y arco iris. En un momento todo es perfecto, pero al siguiente, estás en medio de los retos de la infancia, aguantando la tormenta de un berrinche. Es en estos momentos difíciles cuando te das cuenta de que la paternidad consiste tanto en guiarte a ti mismo como a tus hijos. Se trata de manejar tus expectativas y tus reacciones. Con cada risita y

cada lágrima, aprendemos, nos adaptamos, crecemos. Porque lo que realmente estamos alimentando aquí no es solo una familia; es un viaje para ser felices juntos, convirtiendo la vida cotidiana en una sinfonía de amor, comprensión y alegría.

CAMBIO POSITIVO

Imagina tu vida familiar como un jardín acogedor e iluminado por el sol, un lugar donde las cosas crecen a su propio ritmo, donde el cuidado y la paciencia están a la orden del día. Igual que un jardín no florece de la noche a la mañana, construir una vida familiar cálida y afectuosa es un viaje, una serie de pasos pequeños y bien pensados. Todos hemos tenido esos momentos en los que levantamos la voz demasiado deprisa, en los que la frustración brota más rápido que la comprensión. Somos humanos; suele ocurrir. Pero igual que echar demasiado agua puede ahogar las plantas tiernas, las palabras bruscas pueden humedecer el espíritu de un niño.

Sin embargo, he aquí un pensamiento reconfortante: el cambio positivo no solo es posible, sino que está a nuestro alcance, como la promesa de la primavera tras un largo invierno. Se trata de cultivar nuestro huerto familiar con intención y amor. No nos limitamos a esparcir semillas de paciencia y esperar lo mejor. Las cuidamos, las nutrimos, les damos el calor que necesitan para florecer. Esta es la esencia de nuestro camino como padres. Cada pequeño acto, cada palabra amable, sienta las bases para que crezca algo hermoso.

Así que, cuando surjan esos momentos difíciles – y surgirán – intentemos verlos bajo una nueva luz. En lugar de suspirar: "Oh, no, otra vez esto no", adoptemos una mentalidad curiosa y de aprendizaje que nos pregunte: "De acuerdo, ¿qué nos está enseñando este momento?". Cada bebida derramada, cada arrebato inoportuno no es solo un desorden o una molestia. Es una invitación a enseñar, a comprender y a crecer, juntos, como una familia.

Las palabras son como la luz del sol y el agua para nuestro jardín familiar. Pueden nutrir y pueden marchitar. En lugar de órdenes o reacciones rápidas, inclinémonos hacia la curiosidad y la calidez. Habla con tus hijos como si fueran las personas más intrigantes y encantadoras que has conocido – porque lo son. Hazles preguntas, escucha con todo tu corazón y elige palabras que digan: "Estoy aquí contigo, plenamente, en este momento".

Comprender a nuestros hijos es un arte delicado. A veces, podemos ver sus acciones a través de nuestras lentes de adultos y perdernos el corazón de su mensaje. Recuerda que los niños no son versiones en miniatura de los adultos. Tienen su propia forma de ver el mundo, sus propias y únicas perspectivas. Así que hagamos una pausa, escuchemos de verdad e intentemos comprender su perspectiva. Quizá esa pequeña rabieta se deba más a que necesita una siesta o un abrazo tranquilizador que los bloques derribados o el crayón roto.

Hoy, sembremos semillas de paciencia, empatía y amabilidad. Cada palabra de ánimo, cada momento de calma y atención, cada esfuerzo por ver el mundo a través de los ojos de nuestros hijos, todo ello enriquece nuestro jardín familiar. Este viaje para cambiar la forma en que reaccionamos ante nuestros hijos no consiste sólo en hacer que nuestro día sea más tranquilo; se trata de alimentar una vida familiar en la que el amor, la comprensión y el respeto mutuo florezcan plenamente. Juntos, un pequeño paso, una semilla cada vez, podemos convertir nuestro jardín familiar en un espacio próspero y alegre de crecimiento y calidez compartidos.

VISUALIZA TU DÍA

Cada mañana, antes de que el día se ponga ajetreado, me tomo un breve momento para imaginarme un día tranquilo y feliz con mi hijo. Esto no es solo planificar; es empezar el día con amor y paciencia en mi corazón.

En lugar de apresurarme y levantar la voz, despierto a mi hijo con un suave abrazo. El desayuno y la preparación no son una simple rutina, sino una oportunidad para charlar y reír. Mantengo este ambiente tranquilo y cariñoso todo el día, ya sea durante las tareas escolares, el tiempo de juego o la hora de la comida.

Claro que se producen derrames y los planes se tuercen, pero con la visualización, recuerdo afrontar esos momentos con una sonrisa en lugar de con el ceño fruncido. La cena y la hora de acostarse son nuestros momentos para conectar, compartir historias y disfrutar de estar juntos.

Si no estás seguro de querer practicar la visualización, inténtalo. No se trata de un día perfecto, sino de llenar cada momento con más comprensión y amor. Es increíble cómo un simple hábito matutino puede hacer que todo el día con tu hijo sea más tranquilo y alegre. La visualización no es sólo una herramienta; es una forma de llenar tu viaje como padre/madre con más amor y menos gritos.

AGUANTA

Ser padres es un maratón, no una carrera de velocidad. Si empezamos demasiado rápido, pronto nos quedaremos sin aliento, incapaces de llegar a la meta. Recuerda que no somos máquinas; somos seres

humanos maravillosamente imperfectos, llenos de matices y emociones. Especialmente cuando nuestros hijos son pequeños, el viaje puede parecer implacable. Tus pequeños te necesitan constantemente, sus exigencias son incesantes, y hay momentos en que parece que no queda espacio para respirar. Llegan las rabietas, cada una aparentemente más desafiante que la anterior, y todo es territorio desconocido, sobre todo si eres padre/madre primerizo(a).

Tómate un momento para reconocer estos aspectos crudos y reales de la paternidad. Intenta reconocer que no pasa nada por sentirse abrumado o por no tener todas las respuestas. Acepta este amable recordatorio de ir más despacio, de saborear los pequeños momentos, incluso en medio del caos, porque la verdad es que, a medida que nuestros hijos crecen, también lo hacen sus mundos, y llegará un día en que no nos necesiten tanto. Muchos padres echan la vista atrás y desean haber saboreado un poco más esos exigentes primeros años, sin precipitarse.

En nuestro viaje juntos, abracemos nuestra humanidad, aceptemos nuestros defectos y perdonémonos por los baches del camino. Apreciar cada momento es la clave, ya que cada reto ofrece una oportunidad de conectar, enseñar y comprender más profundamente. Se trata de estar plenamente presentes, sin precipitarnos de un logro a otro, sino moviéndonos a nuestro propio ritmo, plenamente comprometidos con las experiencias de crecimiento y aprendizaje compartidas con nuestros hijos.

NO TE PREOCUPES POR EL MAÑANA

Como padres, es como si tuviéramos una bola de cristal integrada. Cuando vemos a nuestros hijos esquivando tareas o evitando deberes, nuestra mente se adelanta años: "¿Es esto un anticipo de su futuro? ¿Cómo afrontarán los verdaderos retos de la vida?". Es fácil quedar atrapado en estos torbellinos de pensamientos, y dejar que se conviertan en una tormenta de preocupaciones y dudas sobre uno mismo.

Pero he aquí un secreto. Las grandes preocupaciones suelen proceder de "errores de pensamiento", pensamientos exagerados que no se ajustan a la realidad. Uno de los más escurridizos es la mentalidad de catástrofe. Es cuando nos imaginamos lo peor, aunque esté lejos de ser probable. Nuestra mente puede ser como un melodrama, siempre dispuesta a convertir una pequeña escena en toda una producción.

Entonces, ¿cuál es el mejor guion? Vive el presente. Aquí y ahora es donde realmente puedes causar sensación. El futuro es un viaje en el que se embarcará tu hijo(a), armado(a) con el amor y la sabiduría que le compartes hoy. Así que centrémonos en crear esos momentos reconfortantes y llenos de risas. Sí, el ajetreo diario de la paternidad puede parecer demasiado a veces, pero piensa que un día estarás ayudando a los que un día fueron pequeños a desempacar sus cajas en una residencia universitaria, preguntándote cómo han pasado tan rápido esos años.

CONCLUSIÓN

Al cerrar las páginas de la *"Sin Gritar - Guía de Herramientas para Padres"*, es importante reflexionar sobre el núcleo de nuestro viaje juntos: el poder transformador de la Fórmula para No Gritar. Este viaje, al igual que empezar una dieta para adelgazar, no es una solución rápida, sino un cambio significativo hacia una forma más pacífica de comunicarnos con nuestros hijos.

Piénsalo: cuando te pones a dieta, no esperas perder peso en solo 28 días, sobre todo cuando los viejos hábitos de comer y hacer ejercicio son difíciles de romper. Del mismo modo, tus reacciones predeterminadas ante el mal comportamiento de tu hijo -esos momentos de frustración que se convierten en gritos- son obstáculos en tu camino hacia una crianza más tranquila y eficaz.

Pero he aquí la esperanzadora verdad: con intencionalidad y dedicación, el progreso no solo es posible, sino inevitable. La Fórmula para No Gritar no consiste en no sentirse nunca frustrado o abrumado, sino en reconocer esos sentimientos y elegir una respuesta diferente. Se trata de romper el ciclo de reacción y arrepentimiento y crear un nuevo hábito de paciencia y comprensión.

Esta transformación no ocurrirá de la noche a la mañana. Igual que cambiar tu dieta requiere que elijas conscientemente alimentos más sanos y más actividad, cambiar tu estilo de comunicación requiere un compromiso consciente para hacer una pausa, respirar y responder con calma, incluso en el calor del momento.

Tus reacciones "por defecto" – esas respuestas inmediatas y que a menudo lamentas – te pondrán a prueba. Pero recuerda que cada esfuerzo que hagas para hablar pacíficamente es un paso hacia un hogar más armonioso.

A medida que avanzas en este viaje, sé amable contigo mismo(a). Celebra tus éxitos, aprende de los retrocesos y sigue avanzando. La Fórmula para No Gritar es algo más que una herramienta para controlar las rabietas; es un camino hacia una conexión más profunda con tus hijos, basada en el respeto y la comprensión mutuos.

Así que, cuando nos despidamos, llévate contigo la esencia de la "Sin Gritar - Guía de herramientas para padres". Recuerda que el cambio es un proceso y que el progreso, por pequeño que sea, sigue siendo progreso. Sé intencionado, ten paciencia y deja que la Fórmula para No Gritar te guíe hacia un futuro en el que cada día sea un poco más tranquilo, un poco más comprensivo y mucho más cariñoso. Te deseo lo mejor para el trayecto que tienes por delante - un camino de crecimiento, aprendizaje y, lo que es más importante, de amor.

¿Hubo algo en este libro que se quedó contigo?

Si alguna parte te hizo reflexionar, te dio aliento, o cambió algo en tu forma de ser mamá o papá… me encantaría saberlo.
Tus palabras importan—no solo para mí, sino para otra persona que tal vez necesita leer justo eso.
Si lo sientes, deja una reseña. Gracias por ser parte de este camino.

Agradezco tu ayuda.

REFERENCIAS

American Academy of Pediatrics. (2015, November 21). Treating Children as Individuals. HealthyChildren.org. In Caring for Your School- Age Child: Ages 5 to 12. Retrieved from https://www.healthychildren.org/English/family-life/family-dynamics/Pages/Treating-Children-as-Individuals.aspx

Baby Wise Mom. (2020, May). How To Respond When Your Child has a Public Tantrum. Retrieved from https://www.babywisemom.com/logical-consequences-public-tantrums/

Belsky, G. (n.d). Why do kids misbehave? understood.org. Retrieved from https://www.understood.org/en/articles/why-do-kids-misbehave

Capriola, P. (2019, August 5). How Angry Parents Affect A Child: Tips for Raising Healthy Kids. strategiesforparents.com. Retrieved from https://strategiesforparents.com/angry-parents/

ChildLife Essentials. (n.d). 6 Ways To Decrease Mealtime Tantrums And Food Refusal. ChildLife Nutrition. Retrieved from https://childlifenutrition.com/6-ways-to-decrease-mealtime-tantrums-and-food-refusal/

Conway, S. (2021, June 13). Parenting Triggers: 3 important things you should know. mindfullittleminds.com. Retrieved from https://www.mindfullittleminds.com/managing-parenting-triggers/

Cross, J. (n.d). What Does Too Much Screen Time Do to Children's Brains? Health Matters. Retrieved from https://healthmatters.nyp.org/what-does-too-much-screen-time-do-to-childrens-brains/

Familydoctor.org Editorial Staff. (2022, August). Managing and Preventing Temper Tantrums. Reviewed by Peter Rippey, MD, CAQSM. familydoctor.org. Retrieved from https://familydoctor.org/managing-and-preventing-temper- tantrums/

Family Lives. (2018) Understanding and dealing with tantrums. Retrieved from https://www.familylives.org.uk/advice/toddler-preschool/behaviour/understanding-and-dealing-with-tantrums/

Bonnie Harris. (n.d). Don't take it personally. Retrieved from https://bonnieharris.com/dont-take-it-personally/

HealthMatters. (2020, July). Serious consequences of smartphone use by infants and toddlers. Retrieved from https://healthmatters.nyp.org/what-does-too-much-screen-time-do-to-childrens-brains/

Debbie Pincus, MS LMHC (n.d). How to Get Control When Your Child Makes You Angry. Retrieved from https://www.empoweringparents.com/article/calm-parenting-get-control-child-making-angry/

Grogan, A. (2023, October). 5 Ways to Stop Mealtime Tantrums for Toddlers and Kids. Retrieved from https://yourkidstable.com/stop-mealtime-tantrums-and-enjoy-your-dinner/

Healthy Children Organization. (n.d). Treating Children as Individuals. Retrieved from https://www.healthychildren.org/English/family-life/family-dynamics/Pages/Treating-Children-as-Individuals.aspx

IncludeNYC (2021, October). The 5Rs of Consequences. Retrieved from https://includenyc.org/help-center/resources/the-5rs-of-consequences/

By Parenting Today Staff (2022, June). 7 Ways to Connect with Your Children. Retrieved from https://childdevelopmentinfo.com/family-building/7-ways-to-connect-with-your-children/

Um, Jeehae (n.d). Yelling is not parenting. Retrieved from https://ch.yes24.com/Article/View/31084

KidsHealth. (2015) Temper tantrums. Retrieved from https://kidshealth.org/en/parents/tantrums.html

TerryLevy (2018, March) Punishment vs Consequences. Retrieved from https://evergreenpsychotherapycenter.com/consequences-versus-punishment/

Lively, S. (2015, May 31). What You NEED to Know About Parenting Triggers. onetimethrough.com. Retrieved from https://onetimethrough.com/what-you-need-to-know-about-parenting-triggers/

López, M. A. (2022, December 27). 5 Misbehaviors in Children that We Shouldn't Allow. You are Mom. Retrieved from https://youaremom.com/parenting/learn-how-to-be-a-mom/behavior/misbehaviors-children/

Mayo Clinic Staff. (n.d).Temper tantrums in toddlers: How to keep the peace. Mayo Clinic. Retrieved from https://www.mayoclinic.org/healthy-lifestyle/infant-and-toddler-health/in-depth/tantrum/art-20047845

Michigan Alliance For Family. (n.d). Behavior is Communication. Retrieved from https://www.michiganallianceforfamilies.org/behavior-is-communication/#:~:text=Everybody%20communicates%20through%20behavior.,are%20not%20aware%20of%20it.

Morin, A. (n.d The importance of showing empathy to kids who learn and think differently. understood.org. Retrieved from https://www.understood.org/en/articles/the-importance-of-showing-empathy-to-kids-with-learning-and-thinking-differences

National Geographic Kids. (n.d). What is the right amount of screen time for kids? Retrieved from https://www.natgeokids.com/uk/parents/screen-time-for-kids/

NHS. (2016) Temper tantrums. Retrieved from: https://www.nhs.uk/conditions/pregnancy-and-baby/temper-tantrums/

Nichifiriuc, I. (n.d). Four Steps To A Peaceful Bedtime Routine. Retrieved from https://www.handinhandparenting.org/2018/07/peaceful-bedtime-routine-for-kids/

Norman, R. (n.d). Bedtime Battles: How To Avoid Stalling, Tantrums, & Constant Questions. amotherfarfromhome.com. Retrieved from https://amotherfarfromhome.com/bedtime-battles-toddlers-preschoolers/

Parenting Research. (2022, April). The Scientific Reason Why Yelling At Your Kids Doesn't Work. Retrieved from https://thoughtfulparent.com/scientific-reason-yelling-doesnt-work.html

Rogers K. (n.d). Screen time linked with developmental delays in toddlerhood, study finds. Retrieved from https://edition.cnn.com/2023/08/21/health/screen-time-child-development-delays-risks-wellness/index.html

Royal College of Psychiatrist. (2017) Dealing with tantrums: for parents, carers and anyone who works with young people. Retrieved from https://www.rcpsych.ac.uk/mental-health/parents-and-young-people/information-for-parents-and-carers/dealing-with-tantrums-for-parents-and-carers

Rymanowicz, K. (2015, March 30). Monkey see, monkey do: Model behavior in early childhood. Michigan State University Extension. Retrieved from https://www.canr.msu.edu/news/monkey_see_monkey_do_model_behavior_in_early_childhood

Shaikh, J. (2022, April). Why Is My Child Rude and Disrespectful? 6 Ways to Handle a Rude Child. Retrieved from https://www.medicinenet.com/why_is_my_child_rude_and_disrespectful/article.htm

Shealdon-Dean, H. (n.d). How to Set Limits on Screen Time. Retrieved from https://childmind.org/article/screen-time-during-the-coronavirus-crisis/

The Center for Parenting Education. (n.d). How Do I Handle Sibling Rivalry? Retrieved from https://centerforparentingeducation.org/library-of-articles/top-10-tips/how-do-i-handle-sibling-rivalry/

The Understood Team. (n.d) The importance of showing empathy to kids who learn and think differently. Retrieved from https://www.understood.org/en/articles/the-importance-of-showing-empathy-to-kids-with-learning-and-thinking-differences

Wipfler, P. (n.d). Reaching For Your Angry Child.

Work Life Kids (2021, October 1). 5Rs: No-yelling formula for consequences. worklifekids.com. Retrieved from https://www.worklifekids.com/blog/2018/12/2/5rs-no-yelling-formula-for-consequences

www.ingramcontent.com/pod-product-compliance
Lightning Source LLC
Chambersburg PA
CBHW020247010526
44107CB00002B/137